퇴직시대, 120% 권리찾기

재취업 · 실직자 지원제도 가이드

퇴직시대, 120% 권리찾기

재취업·실직자 지원제도 가이드

이하경 지음

시의적절한 안내서를 만나는 반가움

지난해 하반기부터 시작된 심각한 외환위기 상황이 급기야 IMF 구제금융으로 이어져 우리는 지금 일찍이 경험하지 못한 초유의 어려움을 겪고 있다. 아직도 총체적인 위기상황은 계속되고 있지만 위기극복을 위한 전 국민적 노력이 부단하게 이뤄지고 있는 것은 다행한 일이다.

민간부문과 정부부문 모두에서 군살빼기와 거품제거를 위해 구조조정이 한창 진행되고 있는 가운데 국가경쟁력 제고를 위한 이같은 노력의 과정에서 불가피하게 많은 실직자가 발생하고, 나아가 이런 실직자 문제는 우리 사회의 또다른 당면과제로 대두되고 있다.

갑작스러운 가장의 실직은 본인은 물론 가족 구성원 전체의 어려움으로 이어질 것이다. 정부에서는 이들 실직자들이 겪고 있는 절망과 고통을 덜어주기 위해 여러가지 대책을 마련, 추진하고 있으며 종교단체를 비롯한 각종 사회단체에서도 활발한 활동을 전개하고 있다.

이러한 가운데 우리 보건복지부를 출입하고 있는 중앙일보의 이하경 차장이 노동부 출입의 경험까지 살려 실직자에게 실질적인 도움을 줄 수 있는 안내서를 펴낸다는 말을 듣고 매우 시의적절하다는 느낌과 함께 반가운 마음을 금할 수 없다.

지은이는 보건복지부와 노동부 등 관계부처를 두루 출입하면서 사회복지와 실업문제에 대해 남다른 애정과 비판적 안목을 지니고 있는 중견기자이다. 그가 평소 사회복지에 대한 투철한 문제의식과 열정이 없었다면 여러 부처에 걸친 제도와 정책을 포괄하는 이같은 방대한 작업을 완성할 수 없었을 것이다.

지은이는 이 책에서 실업과 관련된 국민연금, 의료보험, 고용보험, 공공부조제, 그리고 정부의 여러가지 실업대책 등을 빠짐없이 망라하였다. 우선 그 내용이 구체적이고 풍부하여 실직의 어려움을 겪고 있는 분이나 잠재적 실직의 위험에 노출되어 있는 분들에게 큰 도움이 될 것으로 생각한다.

또한 독자의 판단을 흐리게 할 위험이 있는 불필요한 사설은 배제하고 현실적이며 구체적인 상황 속에서 활용가

능한 대안들을 상세하게 제시하고 있다. 따라서 이 책은 누구나 편하게 읽으면서 필요한 정보를 얻거나 도움을 받을 수 있는 길잡이가 될 것이다.

꼭 필요한 핵심내용만 군더더기없이 골라 알기 쉽게 정리한 실사구시의 정신에 찬사를 보내면서 실업문제에 관심을 가지고 있는 모든 분들에게 일독을 권해 마지않는다. 이 책이 실업문제와 사회보장제도에 대한 국민일반의 관심을 제고시키고, 나아가 실직으로 인한 고통이 극심한 상황에서 취약한 사회안전망(社會安全網)을 전반적으로 재점검해 보는 계기를 마련해줄 것으로 기대한다.

IMF시대의 고통을 짊어지고 하루하루를 힘겹게 살아가는 실직자들이 이 책을 통해 용기와 힘을 얻기 바라며, 지은이의 노고에 다시 한번 경의를 표한다.

1998. 7.
보건복지부 장관   金 慕 �

「앞으로 뭘하고 살지?」에 대한 정돈된 대답

이하경 기자와 내가 인연을 맺은 것은 4년 전 그가 노동부를 출입할 때부터이다. 27년여 공직생활 동안 무수히 많은 기자를 만났지만, 지은이는 그중에서도 유독 훌륭한 인품과 필력을 갖춘 기자여서 언제고 「다시 만나고 싶은 사람」이었다.

그러던 얼마 전 4년 만에 다시 만난 지은이가 불쑥 내민 것이 바로 이 책이다. 바쁜 취재생활을 하면서 언제 이런 좋은 책까지 썼는지 우선 놀라웠다.

"앞으로 뭘하고 살지?"

"나도 직장을 잃게 되면 어떻게 하지?"

이 물음은 불행하게도 잘잘못이 있든 없든 간에 IMF시대를 사는 지금의 우리에게 가장 절박한 자문(自問)이 되어버렸다.

이 책은 이에 대해 일목요연하게 답하고 있다. 실직자들이 알아두어야 할 사항들을 망라하면서 임금채권보장제도와 같이 최근에 도입된 제도까지 빠짐없이 소개하고 있다. 무엇보다도 실직자의 입장에서 해야 할일과 할 수 있는 일들

을 체계적으로 제시하고 있다는 점을 높이 평가하고 싶다.

한편으로는 정부가 실업문제 해결을 위해 기울이고 있는 다양한 노력과 시책을 국민에게 알기 쉽게 소개해줘서 감사하게 생각한다.

바야흐로 우리나라에도 「한번 직장은 영원한 직장」이라는 평생직장의 개념에 변화가 일고 있다. 기업이든 근로자든 경쟁력을 갖추지 못하면 언제든지 낙오할 수 있고, 따라서 「나도 실직할 수 있다」는 전제하에 항상 미래를 슬기롭게 대처해 가는 자세가 필요한 것이다.

그런 점에 볼 때 이 책은 비단 지금 당장 실직에 처한 분만이 아니라 직장인 모두에게 불확실한 미래를 대비하는 유용한 지침서로도 손색이 없다고 본다.

아무쪼록 고통과 어려움을 겪고 있는 실직자들이 이 책을 통해 용기와 힘을 얻어 굳건히 일어서기를 기원한다.

1998년 7월

노동부 기획관리실장 김 상 호

| 차 례 | **퇴직시대, 120% 권리찾기** |

| 여는 글 | **퇴직 전후** |

세번째 글	국민연금 120% 활용하기

네번째 글	재취업, 이렇게 하면 성공한다

다섯번째 글　생계위기, 이렇게 넘기자

우리 민족이 어떤 민족인가

국회의원 **김홍신**

희망의 길을 알려주는 「빛보라」

세상이 어수선할 때 지혜를 빌리는 것은 희망의 길을 알려
주는 지팡이를 발견한 것과 같다. 그 좋던 세월을 마냥 그
리워하고 있을 수만은 없는 고통의 시절이 도래했다. IMF
한파가 우리의 속살까지 파고들어 삶의 의욕을 앗아가고
있는 것이다.

이럴 때일수록 세상을 원망하기보다 세상과 부딪치는
도전의식을 가져야 할 것이다.

그렇다고 도전이 곧 성공을 약속하는 것은 아니다. 적어
도 「확실한 정보」와 「편리한 방법」과 「공정한 룰」을 공
유해야만 가능성을 확보할 수 있을 것이다.

실직자에게는 희망과 용기를 주고 IMF의 늪에 빠진 사
람에겐 「빛보라」를 보여주며 좌절을 맛본 사람에겐 일어
설 수 있는 기회를 제공해주는 현대인의 지침서가 의지에
찬 기자의 노력으로 출간되게 되었다.

이 책 『퇴직시대, 120% 권리찾기』는 마땅히 국민이

누려야 할 권리를 찾아주는 작업으로부터 시작되었다는 것을 차례만 보아도 대번에 알 수 있다.

지은이 이하경 기자는 1985년 중앙일보에 입사한 이후 주요 출입처를 두루 섭렵하면서 현장에서 체득한 국민 불편사항과 정작 필요한 사람이 모르고 당하는 억울한 사연을 가슴에 입력해둔 듯하다.

그렇지 않고는 가장 바쁜 직업에 종사하는 현역기자가 이런 방대한 생활지침서를 엮어낼 수 없을 것이다.

말하자면 투철한 기자정신의 발로가 아니면 IMF시대에 국민의 이익을 대변하고 실직자를 위한 종합적 지침서를 만들 수 없었을 것이다.

이 책 『퇴직시대, 120％ 권리찾기』에는 담백하고 간결한 문장으로 사실에 바탕을 둔 정확한 정보가 처음부터 끝까지 가지런히 정돈되어 있다. 사적인 의견이나, 편견은 철저히 배제한 채 꼼꼼하게 법체계까지 찾아 신뢰도를 높였다. 또한 관련 부처와 주무 부서의 연락처와 당연한 권리의 내막까지 세세하게 일러주고 있다.

세상과 부딪히는 도전의식을

실직과 생활고의 아픔을 겪고 있을 분들에게 꼭 들려 드리고 싶은 이야기가 있다.

아무리 고통의 골이 깊더라도 너무 기죽을 필요가 없다. 우리 민족이 어떤 민족인가. 저 일제의 잔혹한 식민통치와 6·25전쟁의 참화도 견디어 내고 끝내 다시 일어선 저력이 우리에겐 있지 않은가. 거기에 비하면 IMF위기 정도는 아무것도 아니다.

요즘 많은 사람들이 사회보장과 실업대책이 기대치에 훨씬 못 미친다고 말한다. 또 이런 상태에서 실직을 당하는 것은 전쟁터에서 무장해제당한 것이나 마찬가지라고 말한다. 그렇지만 우리가 가지고 있는 사회안전망을 최대한 활용하기만 한다면 어지간한 어려움은 극복할 수 있을 것으로 믿는다. 그렇게까지 비관적이지는 않다는 얘기다.

물론 세상살이가 어려워지면 실직자와 생활이 어려운 저소득층은 남들보다 몇배나 혹독한 몸고생, 마음고생을 하게 된다. 잘 나가던 사람들도 한번 좌절하면 세상이 싫

어질 것이다.

하지만 다시 한번 생각해 보자. 나라 전체가 구조조정을 겪고 있는 마당에 개인이 태평천하를 누리고 있을 수는 없지 않은가. 자기 자신을 시대에 맞게 구조조정한다는 심정으로 담담하게 미래를 설계해야 할 것이다.

그러기 위해선 우선 마음을 느긋하게 가져야 한다. 자신과 주위를 차분하게 살펴보고 충분히 고민하고 난 다음에 현실적이면서 미래지향적인 선택을 하면 된다.

충분할 정도는 아니지만 마음먹기에 따라선 정상적인 생활로 복귀할 방법은 얼마든지 있다.

위기는 기회이다

위기는 기회라는 말이 있다. 이 말은 특히 IMF시대를 살아가는 실직자들이라면 잠시도 잊어선 안될 금과옥조(金科玉條)라고 할 수 있다. 이럴 때일수록 절대로 기죽지 말고 당당하게 어깨를 펴라.

구원투수의 능력은 위기에서 빛난다. 9회말, 아웃카운트

투 아웃, 주자 만루, 볼카운트 투 스리에서 마지막 투구를 앞둔 투수에게 결정적으로 필요한 것은 여유와 자신감이다. 이 책 『퇴직시대, 120% 권리찾기』는 9회말의 마운드에 오른 당신에게 자신감과 위기관리능력을 제공하는 영양제가 될 것이다.

나는 이하경 기자가 현장을 발로 뛰면서 터득한 생생한 경험을 사장시키지 않고 그 기자정신을 이 한권의 책으로 엮어 국민에게 이익을 되돌려 주려는 의식에 박수를 보내지 않을 수 없다.

당연한 권리를 되찾아 주려는 노력의 흔적이 고통받는 사람들에게 편리한 길 안내가 되어 우리 사회의 고통나누기의 좋은 본보기가 되기를 바란다.

아울러 모든 것이 불신받는 시대에 이런 신뢰쌓기 작업이 각 분야에서 이루어지기를 바란다.

고통받는 이들에게 작은 희망의 불씨가 되길 바라며.

ㄱㄴ홍신

여는 글

퇴직 전후

1

부당해고 이렇게 맞서자

회사에서 부당하게 해고를 당했다면 어떻게 대응해야 할까.

근로자로선 사후적 조치인 구제절차를 밟을 수밖에 없다. 구제절차는 노동위원회에 구제신청을 내는 방법, 법원에 해고무효 확인소송을 제기하는 방법, 지방노동관서에 고소·고발 또는 진정을 하는 방법이 있다.

우선 노동위원회에 부당해고에 대한 구제신청을 하는 방법을 생각해보자. 해고를 당한 지 3개월이 지나기 전에 관할 지방노동위원회에 구제신청을 해야 한다. 지방노동위원회는 관계당사자에 대한 심문·증거제출요구 등을 통해 부당해고가 성립된다고 판정되면 구제명령을 내린다.

구제명령이 내려지면 사용자는 복직 등 원상회복조치를 취해야 한다. 그러나 구제명령을 이행하지 않을 경우의 벌

칙규정이 없어 실효성이 문제가 된다.

지방노동위원회가 구제신청을 기각할 경우 이를 통보받은 날로부터 10일 이내에 중앙노동위원회에 재심을 신청할 수 있다. 재심판정에도 이의가 있으면 재심판정서를 송달받은 날로부터 15일 이내에 행정소송을 제기하면 된다. 행정소송은 98년 3월 1일 신설된 서울행정법원에 내야 한다. 이 법원의 판정에 불복하는 경우 서울고등법원에 항소하고 고등법원의 판결에 불복하면 대법원에 상고하면 된다.

다음으로는 법원에 해고무효 확인청구 소송을 제기하는 방법을 고려해 볼 수 있다.

이 경우 재판에서 승소하면 복직이 이뤄지게 된다. 종전의 일과 다소 다른 일을 하게 될 수도 있다. 그러나 사용자가 해고조치 후 이뤄진 인사질서나 사용자의 경영상의 필요, 작업환경의 변화 등을 고려해서 그에 합당한 일을 시켰다고 인정되면 원직에 복직시킨 것으로 간주된다.

근로자는 계속 근로했을 경우에 받을 수 있는 임금 전액을 사용자에게 지급할 것을 청구할 수 있다.

마지막으로 지방노동관서에 고소·고발 또는 진정을 하는 방법도 동원할 수 있다. 지방노동관서의 근로감독관은 사법권을 가지고 있어 사용자를 조사하고 검찰에 송치할 수 있다.

문의 노동부 근로기준과 ☎02-500-5568

퇴직금은 14일내로 받는 게 원칙

퇴직금은 언제 받게 될까.

사표를 쓰고 퇴사하는 당일 퇴직금이 나오는 일은 거의 없다.

「3. 퇴직금 계산법」편에서 자세히 설명하겠지만 우리나라의 임금에는 복잡한 수당이 얽혀 있어 즉석에서 산정하기 힘들기 때문이다.

근로기준법은 퇴직한 지 14일 이내에 퇴직금을 지급하도록 규정하고 있지만 실제로는 거의 지켜지지 않고 있다. 당사자간에 합의가 있는 경우에는 3개월에 한해 기일을 연장할 수도 있다. 요즘 자금사정이 좋지 않은 기업들이 이같은 방법을 사용하고 있다.

하지만 사용자가 근로자와 연장합의도 하지 않고 퇴직금을 제때에 지급하지 않는다면 근로기준법 36조의 금품

청산 의무를 지키지 않은 것이므로 3년 이하의 징역 또는 2천만원 이하의 벌금을 물게 된다.

그러나 사용자가 퇴직금 지급을 위해 최선을 다했는 데도 불구하고 회사의 경영이 부진하고 자금사정이 극도로 악화되는 등의 불가피한 사정이 있었다면 사정은 달라지게 된다.

어쨌든 사용자가 퇴직금 지급의 의무를 제대로 이행하지 않거나 그 계산과정에서 위법·부당한 사실이 있다면 문제삼을 수 있다.

이 경우 노동부 지방노동사무소 근로감독관에게 진정하는 방법이 있다. 사법권이 있는 근로감독관은 사용자를 조사하고 검찰에 송치할 수 있다.

이와 함께 법원에 퇴직금지급청구 소송을 제기할 수도 있다. 민사소송에서 이기면 법원은 집달관을 보내서 회사 재산을 압류하고 그래도 사용자가 계속 퇴직금지급을 거부하면 이를 처분하는 과정을 거쳐 퇴직금을 받게 된다.

문의 노동부 근로기준과 ☎ 02-500-5568

퇴직금 계산법

퇴직자들은 퇴직금이 어떤 기준으로 지급되는지 확실히 알아 둘 필요가 있다. 간단할 것 같지만 의외로 복잡한 것이 퇴직금 산정방식이다. 심지어는 담당 직원조차도 헷갈리는 수가 있다. 그것은 우리나라 기업들은 수많은 수당제도를 도입하고 있기 때문이다. 그러므로 불이익을 받지 않도록 충분한 지식을 갖추고 있어야 한다.

퇴직금은 근로기준법에 따라 지급된다. 근로기준법은 1개월치 평균임금에 근속연수를 곱한 금액만큼을 회사가 의무적으로 지급하도록 규정하고 있다.

즉 **퇴직금 = 1개월분 평균임금 × 근속연수**인 것이다.

퇴직 전 3개월간 회사에서 받은 임금 총액을 3으로 나누면 바로 월평균임금이 된다.

임금총액에는 사용자가 단체협약·취업규칙 등에 의해

근로자에게 계속적·정기적으로 지급하는 일체의 금품이 포함된다. 기본급은 물론 수당·상여금 등도 포함된다. 예컨대 정근수당이 연 1회 12만원이 지급됐다면 12분의 3인 3만원이 평균임금에 포함돼야 한다.

마찬가지로 상여금도 연간지급총액을 12분의 3으로 나눈 금액만큼이 평균임금에 포함된다.

연간 상여금이 6백만원이라면 3개월간 받을 수 있는 상여금은 그 12분의 3인 1백 50만원이 되므로 이 금액이 평균임금에 포함되는 것이다.

월차휴가수당은 1개월간 개근한 사람에게는 누구에게나 지급된다. 따라서 퇴직 전 3개월 동안 개근을 했다면 그에 해당하는 월차수당액이 평균임금에 당연히 들어가야 한다.

지금까지는 퇴직금 누진제라는 요소를 빼고 설명했다. 그러나 대부분의 기업은 퇴직금 누진제를 채택하고 있다.

퇴직금 누진제를 실시하고 있는 기업의 퇴직금은 **1개월분 평균임금** × **근속연수** × **누진율**이 된다.

◆ 평균임금 산정범위에 포함되는 금품(노동부 예규)

---

1. 소정근로시간에 대하여 정한 후 지급되는 임금·기본급 임금
2. 일·주·월 기타 임금산정 기간내의 소정근로시간에

대하여 정기적, 일률적으로 일급·주급·월급 등으로
정하여 지급되는 임금

가) 금융·출납 등 직무수행, 반장·과장 등 직책수행
  등 미리 정하여진 지급조건에 따라, 담당하는 업
  무와 직책의 경중에 따라 지급하는 수당

나) 물가수당·조정수당 등 물가변동이나 직급간의 임
  금격차 등을 조정하기 위하여 지급되는 수당

다) 기술수당·면허수당·특수작업수당·위험작업수
  당 등 기술이나 자격·면허증 소지자, 특수작업
  종사자 등에 따라 지급하는 수당

라) 벽지수당·한랭지 근무수당 등 특수지역에서 근무
  하는 자에게 일률적으로 지급하는 수당

마) 승무수당·항공수당·항해수당 등 버스·택시·
  화물자동차·선박·항공기 등에 승무하여 운행·
  조정, 항해·항공 등의 업무에 종사하는 자에게
  근무일수와 관계없이 일정한 금액을 일률적으로
  지급하는 수당

바) 생산장려수당 등 생산기술과 능률을 향상시킬 목
  적으로 근무성적과 관계없이 매월 일정한 금액을
  일률적으로 지급하는 수당

사) 기타 : 가)호 및 바)호에 준하는 임금 또는 수당

3. 실제근로 여부에 따라 지급금액이 변동지급되는 금품
  과 임금산정기간 외 지급되는 금품

가) 근로기준법과 근로자의 날에 관한 법률 등에 의해
  지급되는 연장근로수당, 야간근로수당, 휴일근로

수당, 연차휴가수당, 월차휴가수당, 생리휴가수당
및 단체협약 또는 취업규칙에 의해 정해진 휴일에
근로한 대가로 지급되는 휴일근로수당

나) 상여금

　㉠ 취업규칙 등에 지급조건, 금액, 지급시기가 정
　　해져 있거나 전근로자에게 관례적으로 지급하
　　는 경우

　㉡ 관례적으로 지급한 사례가 없고, 기업이윤에
　　따라 일시적, 불확정적으로 지급하는 경우는
　　제외

다) 근무일에만 일정금액을 지급하는 승무수당·항공
　수당·항해수당·입갱수당 등

라) 능률에 따라 지급하는 생산장려수당·장려가급·
　능률수당 등

마) 월차·연차휴가수당 개념의 개근수당·근속수당·
　정근수당 등

바) 일·숙직수당

사) 봉사료(팁)

　㉠ 사용자가 일괄관리 배분하는 경우

　㉡ 고객으로부터 직접 받는 경우는 제외

4. 근로시간과 관계없이 근로자의 생활보조적, 복리후생적
으로 지급되는 금품

가) 통근수당·사택수당·월동연료수당·김장수당으
로서

　㉠ 정기적·일률적으로 전 근로자에게 지급하는

경우

ⓛ 일시적 또는 일부 근로자에게 지급하는 경우는 제외

나) 가족수당·교육수당으로서

㉠ 독신자를 포함해 전 근로자에게 일률적으로 지급하는 경우

ⓛ 가족수에 따른 가족수당, 본인 또는 자녀 교육비 부담 해당자에게만 지급하는 경우는 제외

다) 급식 및 급식비로서

㉠ 단체협약·취업규칙·근로계약 등에 규정된 급식비로서 전 근로자에게 일률적으로 지급하는 경우

ⓛ 단순히 후생적으로 지급되는 현물급식은 제외

라) 별거수당

◆ 평균임금 산정에 포함되지 않는 금품(노동부 예규)

가) 휴업수당·퇴직금·해고예고수당

나) 단순한 생활보조적, 복리후생적으로서 보조하거나 혜택을 부여하는 경조비(결혼축의금·조의금·재해위로금)·피복비·의료비·체력단련비·일시적으로 지급하는 급식·통근차이용·기숙사·주택제공

다) 임시 또는 돌발적인 사유에 따라 지급되거나 지급조

건이 규정돼 있어도 사유 발생일이 불확정, 무기한 또는 매우 드물게 나타나는 것(예 : 결혼수당 등)

라) 실비변상으로 지급되는 출장비·정보비(활동비)·작업용품대(기구손실금·작업복·작업화 등)·차량보유자에게 지급되는 차량유지비 등

마) 손해보험성 보험료 부담금(운전자보험·산재보험 등)·의료보험·국민연금·재해보상금 등

문의 노동부 근로기준과 ☎ 02-500-5568

회사가 부도 나도
법적으론 퇴직금 받을 수 있다

회사가 부도 나더라도 퇴직금은 다른 채권에 우선해 변제받을 수 있다. 이른바 「임금채권 우선 변제제도」가 있기 때문이다.

그러나 퇴직금 전체를 최우선적으로 변제받을 수 있다는 근로기준법조항이 97년 8월 21일 헌법불일치판결을 받으면서 입사시점에 따라 퇴직금을 우선 변제받을 수 있는 기간이 달라졌다.

이 조항이 개정된 97년 12월 24일 이전에 입사하거나 퇴사한 사람은 최대 8년 5개월치 퇴직금(정확하게는 2백 50일분의 평균임금)을 우선 변제받을 수 있지만 그 이후 입사자는 최고 3년치 퇴직금만을 우선 변제받을 수 있다.

법정관리에 들어간 기업의 퇴직사원이라면 회사가 퇴직보험금을 적립한 금융기관을 상대로 퇴직보험금 지급금지

가처분 신청을 내는 방법도 있다.

실제로 퇴직자들이 "보험사는 퇴직금 소송이 끝날 때까지 회사쪽에 퇴직보험금 지급을 보류하라"며 낸 가처분신청을 법원이 받아들인 사례도 있다.

회사가 정상적으로 유지된다면 근로기준법에 따라 1년 이상 근무한 회사원은 누구나 퇴직금을 받을 수 있다. 그러나 국세청은 5월 20일 퇴직금을 중간정산한 사람의 경우 중간정산 후 퇴직일까지의 기간이 1년에 미달되도 퇴직금을 받을 수 있다는 유권해석을 내렸다.

또 사용자와 근로자 사이에 특별한 합의가 없는 한 퇴직일로부터 14일 이내에 사용자는 퇴직금을 지급해야 한다.

이를 어기는 사용자는 3년 이하의 징역 또는 2천만원 이하의 벌금을 물어야 한다.

그러나 근로자들의 생활안정을 위해 일정 범위의 임금채권에 대해서 여타 채권에 비해 우선적으로 변제될 수 있도록 하는 「임금채권 우선 변제제도」는 현실적으로 무력한 경우가 많다. 우선 사업주의 지불능력이 없을 경우에 그렇다. 또 변제를 받기 위해서는 법원 경매절차를 거쳐야 하므로 지급이 지연돼 근로자 생계보장에 한계를 드러내 왔다. 이를 보완하는 「임금채권보장제도」는 다음 편에서 소개한다.

문의 노동부 임금복지과 ☎ 02-503-9732~3

회사 부도 나도 확실히 임금·퇴직금 주는 기금 생겼다

회사가 도산하거나 폐업했다면 당장 떠오르는 것이 밀린 임금과 퇴직금일 것이다. 만일 이를 못받고 거리로 나서게 된다면 눈앞이 캄캄할 것이다. 앞서도 설명했듯이 「임금채권 우선 변제제도」가 현실적으로 무의미할 때가 많아 더욱 그렇다.

그러나 희망은 있다.

1년 이상 존속된 회사에 근무했던 퇴직자는 밀린 임금과 퇴직금을 받을 수 있게 됐기 때문이다.

노동부는 임금채권보장법에 따라 근로자에게 체당금을 지급하는 임금채권보장제도를 7월 1일부터 시행하고 있다.

생소한 용어인 체당금이란 사업주를 대신해 임금채권기금에서 지급하는 임금과 퇴직금을 말한다(체당이란 「뒤에 상환받기로 하고 타인의 채무를 대신 변제한다」는 법률상의 용어다).

이 제도는 퇴직한 근로자가 회사의 도산 등으로 인해 임금과 퇴직금을 지급받지 못한 경우 근로자의 생활안정을 위해 임금채권보장기금에서 사업주를 대신해 일정 범위의 체불임금을 대신 지급해주는 제도이다.

66년 벨기에에서 최초로 법제화된 이래 일본·대만·영국·독일·프랑스 등 대부분의 선진국에서 도입·운영하고 있다.

이에 따라 임금채권보장법령에서는 1년 이상 존속한 사업장에 근무했던 근로자에 대해 3년치 퇴직금과 3개월치 임금을 임금채권보장기금에서 보전해주도록 했다.

◆ 얼마나 받을 수 있나

임금과 퇴직금의 월보상 상한은 30세 미만은 80만원, 30세 이상 45세 미만은 1백만원, 45세 이상은 1백20만원이다. 이는 해당연령층 평균 임금의 80% 수준이다.

퇴직 당시의 연령	월정상한액
45세 이상자	120만원
30세 이상 45세 미만자	100만원
30세 미만자	80만원

〈표 1〉 연령에 따른 상한액

이에 따라 30세 미만은 4백 80만원, 30~45세 미만은 6백만원, 45세 이상은 7백 20만원까지를 퇴직금과 임금으로 받을 수 있다.

예컨대 한달에 1백 40만원을 받는 47세의 근로자가 5개월분의 임금과 6년간 퇴직금을 받지 못하고 퇴직했다면 얼마나 받게 될까.

임금은 최종 3개월분만 지급이 보장되고 월정 상한액이 1백 20만원이므로 3백 60만원을 받게 된다.

퇴직금은 3년분만 지급이 보장된다. 1년간의 퇴직금은 평균임금 30일분으로 1백 40만원이나 이 역시 월정 상한액이 1백 20만원이기 때문에 기금에서 받을 수 있는 퇴직금도 역시 3백 60만원이 된다. 결국 이 근로자가 받게 될 총 금액은 7백 20만원이 되는 셈이다.

◆ 체당금은 어떤 경우에 받는가

퇴직한 근로자가 법에 의해 체당금을 지급받기 위해서는 퇴직 당시의 사업주가 법원으로부터 파산선고나 화의개시의 결정 또는 정리절차개시의 결정을 받거나 노동부장관으로부터 사실상의 도산판정인 「사실인정」을 받아야 한다.

다시 말해 사업주가 법적인 도산이나 사실상의 도산으로 인해 퇴직자에게 임금과 퇴직금을 지급할 수 없을 때 지급이 가능한 것이다.

「사실인정」은 일정규모 이하 사업의 사업체에서 퇴직한 근로자가 신청하며 지방노동관서의 장이 그것을 판정한다. 사실인정을 받기 위해서는 아래의 요건을 모두 충족해야 한다.

- 사업활동이 상당기간 정지중에 있을 것
- 사업의 재개전망이 없을 것
- 임금 및 퇴직금을 지급할 능력이 없을 것

사실인정을 받을 수 있는 사업주는 중소기업 규모의 사업을 경영하는 사람이어야 한다. 구체적으로는 다음과 같은 사업을 경영하는 사업주면 된다.

- 소매업 및 서비스업의 경우에는 상시근로자 50인 이하
- 도매업 1백인 이하
- 건설업·운송업 2백인 이하
- 기타 일반산업은 자산총액 7백억원 이하이고 상시근로자수 3백인 이하

◆ 모든 근로자가 받을 수 있는가

그렇지 않다.

근로자가 체당금을 받으려면 퇴직 당시의 사업주가 아래의 요건을 모두 충족해야 한다.

> • 산재보험의 당연적용 사업에 해당하는 사업을 하고 있을 것(5인 이상 사업장)
> • 1년 이상의 기간 동안 그 사업을 하고 있을 것
> • 파산선고 등을 받았거나 사실인정을 받았을 것

이와 함께 근로자는 파산선고 등이나 사실인정을 신청한 날을 기준으로 1개월 전부터 1년 사이에 퇴직했어야 한다.

또 시행령이 발효되는 7월 1일 이후 법적인 도산이나 사실상의 도산이 이뤄진 회사의 근로자로 대상이 제한된다.

예컨대 6월 20일 법원으로부터 파산선고를 받은 회사의 경우 시행령 적용대상이 되지 않는다.

이때문에 체당금을 받지 못하는 실직자들을 중심으로 형평성 논란이 제기될 것으로 예상된다.

❖ 어디에 어떻게 청구해야 하나

퇴직 당시의 사업장을 관할하는 지방노동관서의 장에게 지급대상이 되는지 등 지급요건에 대한 확인을 받아야 한다. 이를 위해 확인신청서와 체당금지급청구서를 제출하면 된다.

체당금지급청구서는 파산선고 등 체당금 지급사유가 발생한 지 1년 이내에 해야 한다.

지방노동관서에서는 청구인이 체당금의 지급요건을 충족하고 있는지 여부를 확인해 통보해주게 된다.

지급요건을 갖추고 있는 사람에게는 체당금을 계산해 근로복지공단에 체당임금지급청구서와 함께 확인통지서 사본을 보내게 된다.

근로복지공단은 특별한 사유가 없으면 청구서를 받은 날로부터 14일 이내에 체당금을 청구한 사람에게 지급하게 된다.

❖ 임금채권보장기금의 재원

원칙적으로 사업주의 부담금과 변제금으로 충당되며 사무집행비 등 운영비는 정부에서 일부를 지원한다.

노동부장관은 체당금에 들어가는 비용을 충당하기 위해 사업주로부터 임금총액의 0.2% 범위내에서 부담금을 징수

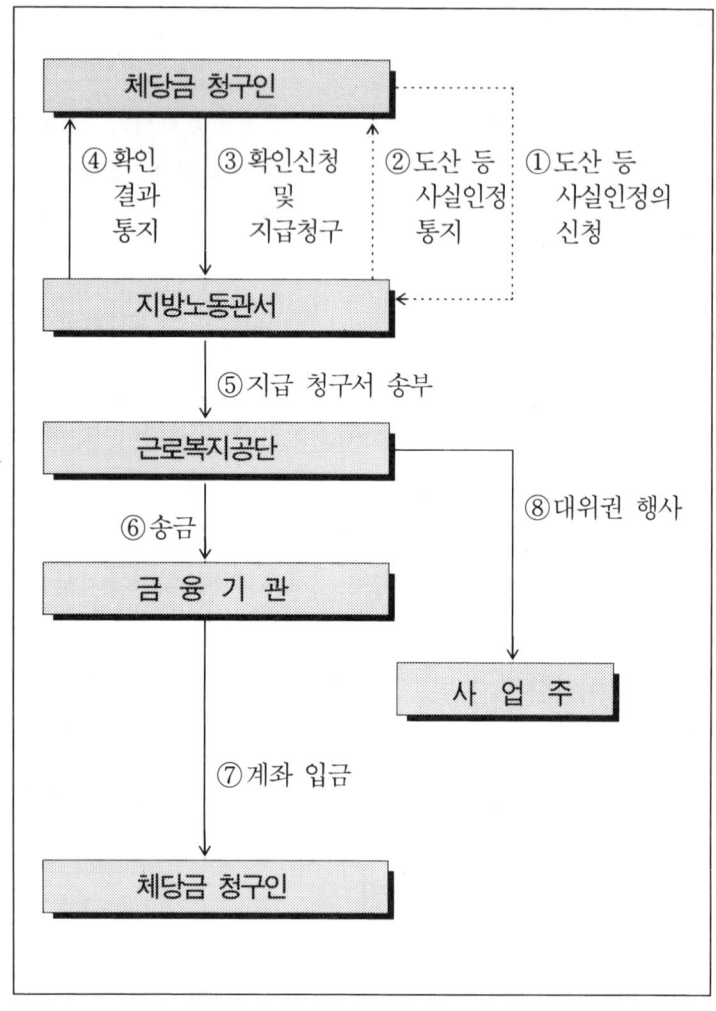

〈표 2〉 체당금 지급절차

할 수 있다.

부담금 비율은 임금채권보장심의위원회의 심의를 거쳐 결정·고시된다.

그러나 사업주 부담금은 최근의 경제사정을 고려해 99년 1월부터 징수된다. 따라서 98년 하반기에 필요한 재원 2천억원은 정부재정이나 다른 기금에서 차입된다.

사업주 부담금은 근로복지공단이 산재보험료와 통합해 징수하게 된다.

문의 근로복지공단 복지계획부 ☎ 02-6700-441~7

반납한 임금·상여금도 퇴직금 산정할 때 포함되나

회사를 살리기 위해서 임금(상여금 포함)을 반납한 사람들이 많다.

이럴 때 "임금을 반납하면 퇴직금이 줄어들까"라는 의문이 들 것이다.

퇴직금 감소 여부는 한마디로 반납하는 방법에 달려 있다.

만일 임금을 일단 받은 뒤 이를 회사에 반납하면 받은 셈이 된다. 따라서 반납분도 퇴직금 정산의 기준이 되는 평균임금에 포함된다. 정례적으로 지급되는 수당도 마찬가지다.

그러나 임금 반납분을 아예 수령도 안했을 경우에는 사정이 조금 달라진다. 근로자가 일단 받은 뒤 반납한 것으로 회계처리가 됐다면 문제가 없지만 회계처리가 되지 않았다면 퇴직금이 줄어들 수 있다.

임금을 반납했을 경우에는 반납분에 대한 세금도 내야 한다. 받지도 않은 임금에 대한 세금을 내는 셈이다. 그래서 일부 회사는 반납이나 지급유예에 대한 세금을 대신 납부해 근로자들의 피해를 줄이고 있다.

그러나 회사가 아예 지급도 하지 않고 회계처리도 안했다면 세금을 내지 않아도 된다.

또 임금을 삭감당했을 경우에는 퇴직금이 줄어든다. 반납은 한시적인 것이지만 삭감은 새로운 근로계약이 형성되는 것이기 때문이다.

무급휴직은 퇴직금에 영향을 미치지 않는다. 무급휴직기간은 평균임금 산정기간에 포함되지 않기 때문이다.

문의 노동부 근로기준과 ☎ 02-500-5568

계열사 옮길 때는
중간퇴직금 받지 않아야 유리

회사가 구조조정을 단행해 계열사로 옮길 때는 중간퇴직금을 받지 않고 통산방식에 의한 특약을 맺어야 유리하다.

그렇지 않으면 분할 정산이 가능하다는 판례가 있기 때문이다.

대구고법 민사 2부(재판장 이우근 부장판사)는 98년 2월 16일 퇴직금을 분할해 받은 최모씨 등 2명이 포항제철의 전액 출자회사인 산업과학기술연구소를 상대로 통합정산에 의한 퇴직금을 요구하는 퇴직금청구소송 항소심에서 원고패소 판결을 내렸다.

재판부는 판결문에서 "원고들은 포철재단의 산업과학기술연구소로 소속사가 바뀌었음에도 불구하고 사실상 같은 장소에서 같은 업무를 했다고 주장하고 있으나 피고측과 근로관계를 승계하기로 맺은 특약이 없고 중간퇴직금을 이미 받아 이유 없다"고 밝혔다.

원고들은 중간정산에 의해 퇴직금을 2천4백만원과 4천3백만원씩 받았으나 누진율이 적용되는 통산산정으로는 3천1백만원, 8천3백만원을 받을 수 있을 것으로 예상하고 소송을 제기했었다.

따라서 처음 입사 이후 최종 퇴직 때까지 통산해 산정한 퇴직금을 받기 위해선 회사의 구조조정에 의해 계열사로 옮기더라도 중간퇴직금을 받지 않고 통산방식에 의한 특약을 맺어야 하는 것이다.

문의 노동부 근로기준과 ☎ 02-500-5568

건설일용직도 퇴직금 받을 수 있다

1백 50만 건설일용직 근로자도 퇴직금을 받을 수 있다.

올해 1월 1일부터 건설근로자의 고용개선 등에 관한 법률에 따라 건설근로자 퇴직공제제도가 시행되고 있기 때문이다.

이 제도는 사업주가 건설근로자퇴직공제회에 공제부금을 납부하면 공제회는 납부된 공제부금에 이자를 더한 금액을 퇴직근로자에게 퇴직공제금으로 지급하는 제도.

건설근로자퇴직공제회는 건설관련 단체들이 노동부장관의 인가를 받아 97년 12월 9일 설립한 특수법인이다.

참가 단체는 대한건설협회·대한전문건설협회·대한설비공사협회·한국주택협회·대한주택건설사업협회·건설공제조합·전문건설공제조합·설비공사공제조합·주택사업공제조합 등이다.

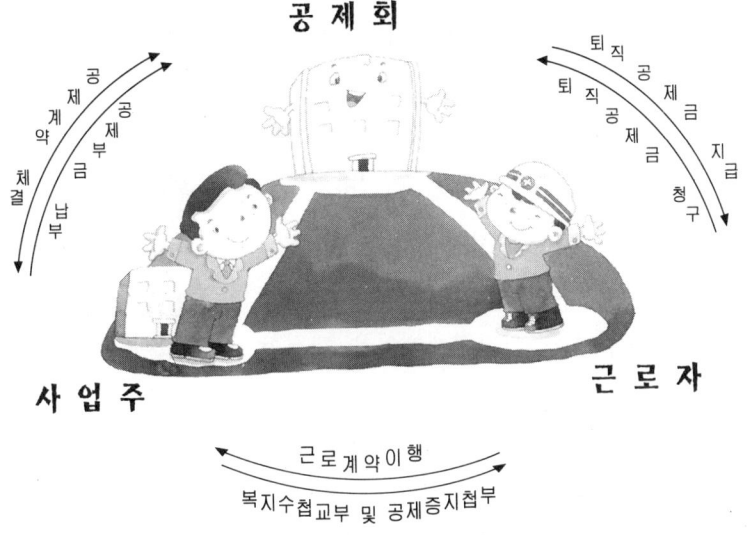

공 제 회

공제계약체결

공제부금납부

퇴직공제금청구

퇴직공제금지급

사 업 주

근 로 자

근로계약이행

복지수첩교부 및 공제증지첩부

〈건설근로자 퇴직공제제도란?〉

 그러나 시행초기인데다 정부와 업체의 준비·홍보부족으로 이 제도가 있다는 사실을 알고 있는 사람조차 거의 없는 상태다. 여기에 건설경기의 침체로 업체의 참여가 극히 저조한 실정이다.

 서울 교육청이 발주한 독산고등학교 신축공사를 도급받은 (주)우신이 6월 11일 제도 시행 이후 처음으로 건설근로자 퇴직공제제도에 가입했다.

 미리 강조해 두고 싶은 것은 공제금을 받으려면 근로자가 부지런해야 한다는 점이다. 대개 업체가 가입한 지 1년이 지날 때쯤 공제금이 지급되기 시작하는데 가입직후부터 공제증지를 복지수첩에 꾸준히 첨부해야 하기 때문이다. 공제증지는 하루 8시간을 근무하면 1장을 받게 되며 최소한 2백52장을 모아야 공제금을 받을 수 있게 된다.

퇴직공제제도는 사업주의 임의가입을 원칙으로 하고 있다.

또 운영하는 사업의 전부를 대상으로 하거나 사업장별로 건설근로자 퇴직공제계약을 체결할 수가 있다.

그러나 건설산업기본법에 따라 다음과 같은 공사는 의무적으로 퇴직공제제도에 가입해야 한다. 뒤집어 말하면

❖ 다음과 같은 공사에 참여한 건설근로자는 퇴직금을 확실하게 챙겨야 하는 것이다

- 국가 또는 지방자치단체가 발주하는 공사로서 공사예정 금액이 1백억원 이상인 공사
- 국가 또는 지방자치단체가 자본금 또는 출자금 총액의 2분의 1 이상을 출자 또는 출연한 법인이 발주하는 공사로 공사예정금액이 1백억원 이상인 공사
- 주택건설촉진법 33조 1항의 규정에 의한 사업계획의 승인을 얻어 건설하는 5백호 이상인 공동주택의 건설 공사

❖ 공제제도에 가입했을 때 사업주가 받는 혜택

- 의무가입 대상공사인 경우 도급금산출내역서에 퇴직공제 제도에 가입하는데 들어가는 금액을 명시토록 함으로써 공제부금이 공사원가에 반영된다.
- 사업주는 고용보험기금에서 30일분의 공제부금을 지원받는다.
- 공제부금의 납부실적이 건설사업기본법시행령 27조 3항의 규정에 의한 건설 업자의 시공능력평가와 입찰참가자격 사전심사(P·Q)시에 반영되므로 모든 공사의, 특히 공공공사의 수주에 유리하다.
- 공제부금은 세법상 공과금 또는 복리후생비에 해당돼 손비로 비과세처리된다.

❖ 사업주 가입자격

관계법령에 의해 면허·허가·등록 등을 받은 사업자는 모두 공제계약을 신청할 수 있다.

그러나 임의가입대상 공사의 공제계약을 체결했다가 해지된 날로부터 6개월이 지나지 않았을 경우, 부도·파산·임금 등의 체불이나 고용보험료 및 산재보험료를 체납한 사업주로서 사업을 계속할 수 없거나 공제부금을 계속 납부하는 것이 곤란하다고 인정되는 경우에는 체결대상에서 제외된다.

❖ 근로자 가입자격

모든 건설근로자가 피공제자가 될 수 있다.

그러나 기간을 정하지 않고 고용된 상용근로자와 1년 이상의 기간을 정해 고용된 사람은 근로기준법에 의한 퇴직금을 보장받을 수 있기 때문에 피공제자가 된다고 해도 실익이 없어 대상범위에서 제외된다.

아르바이트생 등과 같이 부업성 근로자나 소정근로시간이 지나치게 짧은 단시간 근로자의 경우에는 퇴직공제금을 지급받을 가능성도 없고 피공제자로 보호할 필요성도 적으므로 역시 피공제자의 범위에서 제외된다.

❖ 공제부금 납부방법

공제증지를 사면 부금을 낸 것으로 인정된다.

공제계약이 체결되면 사업주는 가장 가까운 건설공제조합의 지점(출장소)과 전문건설공제조합의 지점(출장소) 등 대행기관에서 계약자증을 제시하고 공제증지를 살 수 있다.

근로자 한 사람당 1일 공제부금 납입금은 2천원이지만 대행기관 업무수수료 1백원을 더한 2천1백원이 1일권 증지 구입금액이 된다.

건설공제조합

지 점	주 소	우편번호	전 화	팩시밀리
본 부	서울특별시 강남구 논현동 71-2(건설회관)	135-701	(02)3449-8888	3449-8903
서울중앙	서울특별시 강남구 논현동 71-2(건설회관)	135-701	(02)3449-8830	3449-8908
서울종로	서울특별시 종로구 서린동 33	110-110	(02)399-6741-5	399-6746
서울동부	서울특별시 종로구 숭인동 1377	110-550	(02)236-9416-7	236-4045
서울남부	서울특별시 영등포구 여의도동 28-1	150-756	(02)783-1246-8	783-9976
서울서초	서울특별시 서초구 1674-1	137-070	(02)521-8701-5	598-4463
서울삼성	서울특별시 강남구 대치동 944	135-280	(02)3452-7831-5	3452-7836
수 원	경기도 수원시 장안구 정자동 80-21	440-300	(0331)45-6835-6	41-5280
안 양	경기도 안양시 동안구 관양동 1588-8	430-060	(0343)88-0103-4	86-4101
인 천	인천광역시 남동구 구월동 1092-55	405-220	(032)439-7197-8	432-8784
춘 천	강원도 춘천시 효자동 708	200-090	(0361)53-5061-2	54-9633
청 주	충북 청주시 문화동 69-4	360-030	(0431)56-5156-7	56-5020
대 전	대전광역시 중구 선화동 10-1	301-051	(042)257-1405-6	256-8153
예 산	충남 예산군 예산읍 예산리 482	340-800	(0458)33-4151-3	32-7145

지　점	주　　　소	우편번호	전　화	팩시밀리
전　주	전북 전주시 완산구 경원동 3가 31-1	560-020	(0652)231-2031-5	87-8122
광　주	광주광역시 서구 양 2동 42-6	502-220	(062)363-0018-20	365-2696
광주동	광주광역시 동구 동명동 168-18	501-071	(062)226-2234-6	228-4514
대　구	대구광역시 수성구 범어동 1-4	706-010	(053)756-5071-2	756-5073
대구서	대구광역시 중구 포정동 58	700-010	(053)257-2940-3	257-2944
부　산	부산광역시 동구 초량동 1169-13	601-010	(051)463-8147-9	464-0475
부산북	부산광역시 연제구 연산5동 1242-27	607-085	(051)853-0977-9	866-7684
마　산	경남 마산시 회원구 석전동 245-12	630-012	(0551)94-3261-2	94-4261
진　주	경남 진주시 칠암동 414-10	660-280	(0591)762-1217-9	762-1229
제　주	제주도 제주시 연동 301-1	690-170	(064)44-1961-4	46-8060
의정부	경기도 의정부시 의정부동 141-3	480-010	(0351)877-8191-3	871-8194
강　릉	강원도 강릉시 옥천동 81-10	210-090	(0391)41-6616-7	43-7560
원　주	강원도 원주시 봉산 1동 1048-3	220-081	(0371)46-2217-9	46-0960
천　안	충남 천안시 원성동 564-1	330-070	(0417)63-0820-2	63-0823
순　천	전남 순천시 연향동 1324-2	540-140	(0661)722-6057-8	722-6059
포　항	경북 포항시 죽도 2동 674-1	790-052	(0562)81-9092-3	75-0718
울　산	울산광역시 남구 신정 2동 649-7	680-012	(0522)67-3619-20	67-3920

전문건설공제조합

지 점	주 소	우편번호	전 화	팩시밀리
본 부	서울특별시 강남구 논현동 71-2(건설회관)	135-701	(02)3449-8888	3449-8903
서울중앙	중구 태평로 1가 32-23(구 건설회관 3층)	100-101	(02)736-3680-5	723-0921
서울동부	동대문구 신설동 101-2(경영 빌딩 5층)	130-110	(02)929-2301-3	924-2921
서울서부	영등포구 영등포동 1가 1-1 (중동빌딩 5층 501호)	150-031	(02)672-4214-5	631-1894
서울서소문	서대문구 충정로 3가 63-1 (삼창빌딩 8층)	120-031	(02)393-2385-6	363-0893
서울사당	동작구 사당 1동 1042-19 (태광빌딩 3층)	156-091	(02)521-0741-2	521-0740
서울잠실	송파구 신천동 7-13(향군회 관 별관 7층)	138-240	(02)416-4053-5	413-4493
서울강남	강남구 역삼동 822-2(하나은 행 4층)	135-080	(02)552-1797-9	508-8265
서울영동	강남구 논현동 71-2(건설회 관 1층)	135-701	(02)3440-2755-64	516-2743
서울양재	강남구 도곡동 975-11(한국 투자신탁 3층)	135-270	(02)3453-1644	3453-8191
서울강서	영등포구 당산동 3가 388(한 남빌딩 1층)	150-043	(02)679-4271-4	677-9411
서울삼성	강남구 대치동 889-47(상제 리제센타 B동 1층)	135-280	(02)539-8051	568-7876
부산남부	부산광역시 중구 대창동 1가 51(부산중앙빌딩 7층)	600-101	(051)466-7095-8	464-5380

지 점	주 소	우편번호	전 화	팩시밀리
부산북부	부산광역시 연제구 거제동 76-2(국제신문빌딩 8층)	607-070	(051)501-7132-3	501-0504
대 구	대구광역시 수성구 범어 2동 177-10(신아빌딩 3층)	706-012	(053)742-1670-2	742-1641
서 대 구	대구광역시 달서구 두류 3동 495-45(광장빌딩 3층)	704-063	(053)655-3753-5	625-9381
인 천	인천광역시 남동구 구월동 1128-10(현대해상빌딩 6층)	405-220	(032)433-2118-9	438-6971
광 주	광주광역시 북구 누문동 138 (남화빌딩 4층)	500-030	(062)523-3036-7	521-7012
서 광 주	광주광역시 서구 광천동 60-7 (서광주 농업협동조합 3층)	502-210	(062)362-8123-7	369-9477
대 전	대전광역시 중구 은행동 157-2 (화원빌딩 5층)	301-060	(042)252-4434-5	254-9434
수 원	경기도 수원시 장안구 화서동 71-51(경기은행 화서지점 2층)	440-150	(0331)258-2324-8	48-4862
부 천	경기도 부천시 소사구 소사동 82-1(낙원빌딩 2층)	422-230	(032)346-1433-4	348-3932
의 정 부	경기도 의정부시 의정부동 141-3(대한생명 4층)	480-010	(0351)871-7511-3	871-7518
경기광주	경기도 광주군 광주읍 역리 20-14(동부빌딩 B동 4층)	464-800	(0347)65-3044-6	61-8829
춘 천	강원도 춘천시 효자동 692-10-11 (한국토지공사 강원지사 7층)	200-091	(0361)52-7510-2	55-7514
강 릉	강원도 강릉시 옥천동 282-1 (제일생명보험빌딩 3층)	210-090	(0391)647-7791-2	647-7795
청 주	충북 청주시 북문로 3가 4-6 (대한생명 4층)	360-013	(0431)56-8779-80	58-2736

지 점	주 소	우편번호	전 화	팩시밀리
제 천	충북 제천시 의림동 36-1	390-030	(0443)46-2240-1	46-2244
예 산	충남 예산군 예산읍 예산리 201-2(삼진상호신용금고 3층)	340-800	(0458)31-1666-7	31-2667
천 안	충남 천안시 영성동 102(한일 중부상호신용금고 4층)	330-050	(0417)556-4452-3	555-1276
전 주	전북 전주시 덕진구 인후 2동 1530-15(전문건설회관 2층)	561-232	(0662)242-7401-3	242-7405
군 산	전북 군산시 장미동 18-11(한 국빌딩 3층)	573-030	(0654)446-4041-3	445-4045
순 천	전남 순천시 장천동 133-1(홍 국생명빌딩 2층)	540-190	(0661)745-2147-8	745-3149
목 포	전남 목포시 동명동 1-212(농 협빌딩 2층)	530-210	(0631)44-3693-5	44-3698
포 항	경북 포항시 남구 대도동 135-150(경일투자금융 4층)	790-140	(0562)81-5209-11	72-9239
안 동	경북 안동시 당북동 333-3(제 일생명 2층)	760-230	(0571)55-0424-6	52-0295
마 산	경남 마산시 회원구 석전 2동 224-5(대한생명 9층)	630-012	(0551)55-2833-4	98-8447
울 산	울산광역시 남구 신정 4동 685-4(효천빌딩 7층)	680-014	(0522)67-8768	67-8714
진 주	경남 진주시 강남동 25-2(제 일생명빌딩 3층)	660-280	(0591)52-5190	54-9054
제 주	제주도 제주시 용담 1동 2827-25(청담빌딩 9층)	690-041	(064)58-8911	21-9224
서귀포간이 업무취급소	제주도 서귀포시 동흥동 1507-28(3층)	697-070	(064)32-4213	32-4214

❖ 공제증지 복지수첩 첨부

공제증지는 근로자에게 임금을 지급할 때마다 근로자가 복지수첩에 붙이고 사업주는 공제계약신청시 등록한 인장으로 직접 소인해 주면 된다.

근로일수 1일에 대해 1일분의 공제증지를 붙이지만 하루 근무시간이 8시간에 못미쳤을 경우에는 이를 합산해 8시간을 하루로 계산한다.

문의 건설근로자퇴직공제회 ☎02-563-8131~6

9

건설일용직 퇴직금 이렇게 신청한다

건설일용직 퇴직공제금 신청절차를 알아보자.

퇴직공제금은 피공제 근로자가 건설업에 1년 이상 근무 (2백52일분 이상의 증지가 첩부된 경우)하다 떠나면 신청할 수 있다.

따라서 일반적으로 특정사업주와의 고용관계가 끝났을 때 받게 되는 퇴직금과는 성격이 다르다. 쉽게 얘기하면 수십 군데의 공사장을 옮겨 다녔더라도 1년 이상 근무한 사실이 인정되고 다른 직종으로 옮겨갔다면 신청할 수 있는 것이다.

이렇게 탄력적으로 운영하는 것은 건설일용직이 원래 한 공사장에서 오래 일하기 어려운 현실을 감안한 것이다.

❖ 퇴직공제금 청구사유와 증명서류

청 구 사 유	증 명 서 류
독립해서 새로운 사업을 시작	세무서 발행 사업자등록증 사본
건설업 이외의 사업에 고용된 경우	그 사업의 사용자가 발행한 증명
기간의 정함이 없이 고용된 근로자	사업주의 증명(상용근로자)
부상 또는 질병으로 건설업에 종사하지 못하게 된 때	사업주의 증명 또는 의사 진단서
피공제자가 사망한 때	사망사실이 기재된 호적등본과 청구 자격에 관한 입증서류
건설업에 종사할 수 없거나 종사할 의사가 없는 경우	입증서류

❖ 퇴직공제금의 청구권자

피공제자가 청구권자이지만 그가 사망한 때는 상속인이 청구할 수 있다. 상속인이 여럿일 경우의 상속순위는 다음과 같고 동순위자가 2명 이상이면 공동상속인이 된다.

- 1순위 : 피공제자의 직계비속
- 2순위 : 피공제자의 직계존속

- 3순위 : 피공제자의 형제자매
- 4순위 : 피공제자의 3촌부터 4촌 이내의 방계혈족
  배우자의 경우는 직계비속과 같은 순위로 공동상속인이
  되며 직계비속이 없는 경우에는 직계존속과 같은 순위
  로 공동상속인이 되고 피공제자의 직계 존·비속이 없
  는 경우에는 단독상속인이 된다.

❖ 산정과 지급

공제회는 퇴직공제금지급청구서를 접수받으면 특별한 사
정이 없는 한 접수일로부터 14일 이내에 피공제자 또는
그 유족이나 가족에게 퇴직공제금을 지급한다.

퇴직공제금은 사업주가 납부한 공제부금(30일분까지는
고용보험에서 지원)에 이자를 더한 금액이 된다.

이자는 매년도 공제부금의 운용수익 등을 감안해 산출
한 수익률(기준이자율)을 적용, 공제부금 납부일수 21일
을 한달로 보고 월단위 복리로 산정한다. 48개월 이상 근
속하다 퇴직한 경우에는 특별가산금이 지급될 수 있다.

공제회 업무는 대행기관인 건설공제조합의 지점(출장
소)과 전문건설공제조합의 지점(출장소)에서도 본다.

문의 건설근로자퇴직공제회 ☎ 02-563-8131∼6

첫번째 글

고용보험·실업급여 최대로 활용하기

고용보험 · 실업급여는 어떤 제도인가

◆ 왜 필요한가

산업구조조정, 조직 및 기구축소를 비롯한 감량경영 등으로 평생을 한 직장에서 계속 일하는 것이 쉽지 않게 됐다. 평생직장 개념에서 평생직업의 개념으로 바뀌어 가고 있는 것이다.

빠르게 변화하는 세상에서 살아가려면 평소에 꾸준히 새로운 기능 · 기술 · 지식을 배우고 익혀야 한다. 이렇게 노력을 해도 회사 경영여건의 악화로 불가피하게 직장을 떠나야 하는 경우가 있다.

고용보험은 바로 이런 문제들을 해결하기 위한 사회보장제도이다.

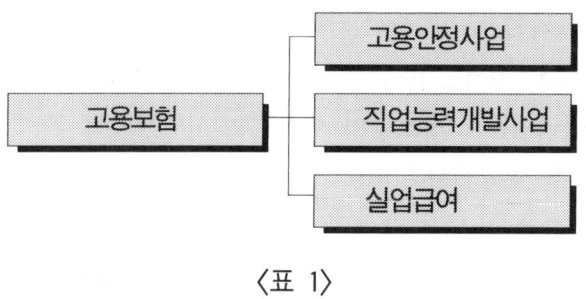

〈표 1〉

❖ 고용보험과 실업급여는 다른 제도인가

〈표 1〉에서 보듯이 고용보험의 3대 사업은 고용안정사업과 직업능력개발사업 그리고 실업급여다. 뒤집어 말하면 실업급여는 고용보험의 3대 사업 중 하나인 것이다.

그러므로 5인 이상의 사업장에 근무하는 근로자는 누구나 고용보험의 실업급여에 가입하게 된다.

❖ 언제·어떻게 시작됐나

고용보험은 실직근로자에게 실업급여를 지급하는 소극적인 사회보장제도의 역할을 넘어 근로자의 직업능력을 개발하고 노동시장의 구조조정과정에서 실업을 예방하기 위한 각종 지원사업을 복합적으로 실시하는 예방적이면서도 적극적인 종합인력정책 수단이다.

고용보험은 선진국의 경우 대개 산업구조조정이 본격적으

로 진행되는 과정에서 시작됐다.

우리나라에서는 95년 7월 1일부터 고용보험이 시작됐다.

실업급여는 고용보험이 적용되는 사업장에서 12개월 이상근무한 뒤 회사의 경영사정 등으로 실직된 근로자에게 지급되므로 96년 7월 1일부터 지급이 시작됐다.

98년 3월 1일 이후 99년 6월 30일까지의 기간 동안에는 고용보험이 적용되는 사업장에서 6개월 이상 근무 후 실직한 근로자에게 지급되고 있다.

❖ 누가 고용보험에 가입해야 하나

5인 이상 사업장에 근무하는 모든 근로자는 고용보험의 3가지 사업 중 실업급여에 의무적으로 가입해야 한다. 즉 실업급여보험료를 내야 한다.

그러나 일용·임시직 근로자와 공무원은 제외된다.

반면 사업주는 고용안정사업, 직업능력개발사업, 실업급여에 모두 가입해야 한다. 의무적으로 고용보험에 가입해야 하는 사업장이 아니더라도 소속 근로자 과반수의 동의를 얻어 임의로 고용보험에 가입할 수 있다.

❖ 보험료는 얼마나 되나

보험료는 근로자의 임금총액에 해당사업의 보험료율을

구 분		현행		99년부터	
		근로자	사업주	근로자	사업주
실업급여		0.3%	0.3%	0.5%	0.5%
고용안정사업		─	0.2%	─	0.3%
직업 능력 개발 사업	150인 미만 기업	─	0.1%	─	0.1%
	150인 이상 우선지원대상 기업	─	0.3%	─	0.3%
	150인 이상 대규모기업	─	0.5%	─	0.3%

〈표 2〉 각 사업별 보험료율

곱해서 산정한다.

예컨대 임금이 1백만원인 근로자는 월 보험료가 3천원이며 1백50만원인 사람은 4천5백원이 된다.

❖ 실업급여에는 어떤 종류가 있나

실업급여에는 구직급여와 취직촉진수당의 두가지가 있다.

구직급여는 실직근로자의 생계안정을 위해 지급하는 급여다.

취직촉진수당은 구직급여를 지급받고 있는 근로자가 빠른 시일내에 직장을 구하는 것을 도와주기 위해 지급하는 급여다.

취직촉진수당에는 조기재취직수당·직업능력개발수당·

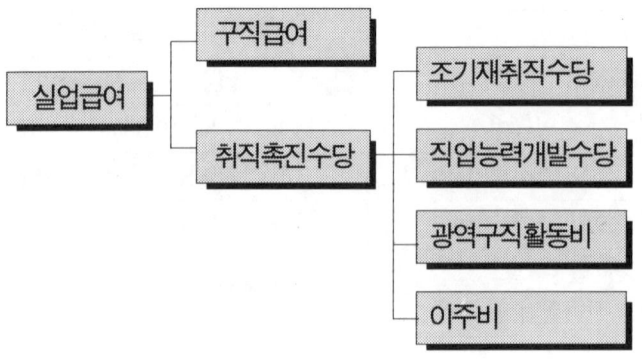

〈표 3〉 실업급여의 종류

광역구직활동비·이주비 등이 있다.

이외에 실업급여에 관하여 궁금한 점이 있으면 69~70쪽의 표를 보고 전국의 지방노동관서에 전화하면 된다.

실업인정, 직업훈련 안내, 직업지도, 취업알선 등은 직업안정과로, 실업급여 수급자격 인정 및 지급에 대해서는 고용보험과로 문의해야 한다.

지방 노동관서 지역별 전화번호 안내

지 방 노동관서	주 소	전 화 번 호	
		직업안정과	고용보험과
서 울 청	서초구 서초동 1603-8 준영 B/D	(02)523-2802	3472-9090
서울중부	중구 홍인동 13-1 한성프라자	(02)254-2341	252-9090
서울동부	송파구 가락동 123-14	(02)408-5091	443-0877
서울서부	마포구 염리동 156-1	(02)701-1919	3273-9090
서울남부	영등포구 당산동 6가 121-103	(02)633-2400	661-9090
서울북부	도봉구 창 4동 12-3 두승 B/D	(02)999-8878	995-9090
서울관악	구로구 구로 5동 106-4	(02)3281-1919	3281-9090
춘 천	춘천시 효자 3동 757	(0361)242-1919	56-9090
태 백	태백시 황지 1동 25-14	(0395)52-8601	82-9090
강 릉	강릉시 포남동 1117-14	(0391)646-2400	648-9097
원 주	원주시 단계동 783	(0371)43-2420	46-8219
영 월	영월군 영월읍 영흥 5리 976-1	(0373)374-1722	73-9090
부 산 청	동구 초량 3동 1145-1	(051)466-2400	463-9090
부산동래	동래구 명륜동 529-5	(051)558-2400	552-9090
부산북부	사상구 덕포동 761-2	(051)304-2400	304-9090
창 원	창원시 용호동 7-5	(0551)81-1919	83-9090
울 산	울산시 남구 신정 3동 584-5	(0522)274-2400	257-9090
양 산	양산시 북부동 695-6	(0559)387-2400	386-9090
진 주	진주시 상대동 285-1	(0591)52-1919	52-9090
통 영	통영시 무전동 356-130	(0557)43-2400	41-9090
대 구 청	북부 관음동 1372-1	(053)323-4327	325-9090
대구남부	동구 신천 3동 78-2	(053)754-1806	381-9090

지 방 노동관서	주　　소	전 화 번 호	
		직업안정과	고용보험과
포　　항	포항시 북구 죽도 2동 46-3	(0561)84-7994	278-9090
구　　미	구미시 송정동 51	(0546)457-2400	456-9090
영　　주	영주시 휴천 3동 36	(0572)31-1919	636-9090
안　　동	안동시 태화동 484-9	(0571)57-2400	53-9090
인 천 청	남동구 구월동 1113	(032)421-2013	435-9090
인천북부	부평구 부평동 182-10	(032)512-1919	516-9090
수　　원	수원시 권선구 고등동 4-1	(0331)45-2400	41-9090
부　　천	부천시 원미구 중동 1032-2	(032)323-1919	325-9090
안　　양	안양시 만안구 안양 7동 294-6	(0343)48-2400	41-9090
안　　산	안산시 고잔동 526-1	(0345)405-7991	411-9090
의 정 부	의정부시 의정부 3동 370-10	(0351)877-9253	878-9090
성　　남	성남시 수정구 신흥 3동 2550	(0342)734-1919	42-9191
광 주 청	동구 광산동 1-4	(062)226-8362	222-9090
전　　주	전주시 덕진구 진북 2동 1021-2	(0652)252-1919	245-9090
익　　산	익산시 마동 181-7	(0653)855-2400	843-9090
군　　산	군산시 조촌동 852-1	(0654)452-5272	452-4900
목　　포	목포시 유동 9	(0631)44-2400	283-9082
여　　수	여수시 문수동 111-1	(0662)651-6881	654-2477
제　　주	제주시 이도 2동 417-3	(064)57-2400	55-9090
대 전 청	서구 둔산동 1303	(042)480-6271	482-9090
청　　주	청주시 북문로 2가 133-2	(0431)52-2400	54-9090
천　　안	천안시 신부동 369-2	(0417)556-2400	551-9090
충　　주	충주시 봉방동 21-38	(0441)43-2400	855-9090
보　　령	보령시 명천동 12-68	(0452)34-2400	936-9090

첫번째 글 : 고용보험 · 실업급여 최대로 활용하기

11

구직급여는
어떤 경우에 얼마나 받을 수 있나

◆ 얼마동안 받을 수 있을까

구직급여를 지급받을 수 있는 일수(소정급여일수)는 실직 당시의 나이와 고용보험에 가입한 기간(피보험기간)에 따라 60~2백 10일의 범위에서 각각 다르게 적용된다.

피보험 기간 연 령	6개월 이상 1년 미만 (98.3.1 이직자부터)	1년 이상 3년 미만	3년 이상 5년 미만	5년 이상 10년 미만	10년 이상
30세 미만	60일	60일	90일	120일	150일
30세 이상~ 50세 미만	60일	90일	120일	150일	180일
50세 이상 및 장애인	60일	120일	150일	180일	210일

〈표 1〉 연령·가입기간에 따른 지급일수

◈ 하루에 얼마씩 받게 되나

일일구직급여액은 이직 전 직장에서 지급받던 평균임금의 50%를 받게 된다.

상한액은 3만 5천원이며 최저액은 최저임금법상의 1일 최저임금액의 70%인 8천 3백 16원이다.

◈ 회사를 그만두면 누구나 실업급여를 받을 수 있나

그렇지 않다. 우리나라의 실업급여제도는 이직한 모든 근로자에게 급여를 지급하는 실업부조제도가 아니므로 다음의 요건을 모두 갖춘 경우에만 실업급여를 받을 수 있다.

- 실직전 12개월(기준기간) 동안에 고용보험이 적용되는 사업장에서 근무한 기간(피보험 단위기간)이 6개월 이상일 때.
- 근로의 의사와 능력을 가지고 적극적으로 구직활동을 할 때.
- 개인사정(전직, 가사, 자영업 등)으로 이직했거나 본인의 중대한 잘못으로 해고되지 않았을 때

다음과 같은 사유로 이직하는 경우에는 실업급여를 지급받을 수 있다.

- 도산 · 폐업 · 인원감축 등 회사의 경영사정에 의해 그만 둔 경우
- 2개월 이상 임금체불 또는 3개월 이상 휴업이 계속돼 그만둔 경우
- 회사가 멀리 이사를 가거나 먼 곳으로 인사발령되어 가족과 별거하게 되거나 통근이 곤란해져 그만둔 경우
- 신기술 · 신기계 도입으로 도저히 새 업무에 적응할 수 없어 그만둔 경우
- 체력부족 · 심신장애 · 질병 · 부상 등으로 업무수행이 곤란해 그만둔 경우(단, 다른 업무를 수행할 수 있는 근로능력이 있어야 함)
- 동거 가족의 병간호 등을 위하여 부득이하게 이직하는 경우
- 기타 위에서 준하는 사유로서 다른 근로자라도 그러한 여건에서는 이직했을 것이라고 인정되는 경우

다음과 같이 개인사정 때문에 자기 스스로 이직하는 경우에는 실업급여를 받을 수 없다.

- 다른 직장으로 옮기기 위해 퇴직하는 경우
- 집안 일 · 육아 · 학업을 위해 퇴직하는 경우

형법이나 직무관련 법률위반 또는 불법쟁의 행위로 인해 금고 이상의 형을 받는 등 중대한 잘못을 저질러 해고된 경우에는 실업급여를 받을 수 없다.

예컨대 자동차 운전기사의 도로교통법 위반, 은행원의 금융실명제 위반, 안전관리자가 산업안전보건법 등 직무관련 법률을 위반해 해고당한 경우가 해당된다. 그러나 단순히 벌금형을 받고 해고된 경우에는 실업급여를 받을 수 있다.

사업에 막대한 지장을 초래하거나 재산상 손해를 끼쳐 해고된 경우에도 실업급여를 받을 수 없다. 즉,

◆ 다음과 같은 경우에도 실업급여를 받을 수 없다

- 회사기물을 고의로 파손해 생산에 막대한 지장을 초래함으로써 해고된 경우.
- 직책을 이용하여 회사공금을 유용·착복·횡령하거나 배임함으로써 해고된 경우
- 인사·경리·회계담당직원이 허위서류 작성 등으로 재산상 손해를 끼침으로써 해고된 경우
- 회사의 기밀을 경쟁관계의 타회사 등 외부에 제공하여 사업에 상당한 지장을 초래함으로써 해고된 경우
- 납품업체로부터 금품 또는 향응을 제공받고 불량품을 납품받아 생산에 차질을 초래함으로써 해고된 경우

- 회사제품·원료 등을 절도 또는 불법반출함으로써 해고 된 경우
- 영업용 차량을 임의로 타인에게 대리운행하게 하여 교통사고를 초래하거나 운송수입금을 부당하게 착복함으로써 해고된 경우

◆ 기준기간이란 무엇이며 얼마나 될까

실업급여 수급자격을 판단하기 위해 「회사를 그만두기 이전의 일정한 기간」을 정하고 있는데 이를 기준기간이라고 한다.

우리나라의 기준기간은 12개월이다.

기준기간중에 질병·부상·사업장휴업·임신·출산·육아휴직 등의 사유로 계속해서 30일 이상 임금을 지급받을 수 없었던 경우에는 12개월에 그 기간만큼 연장할 수 있다.

기준기간을 연장해주는 이유는 기준기간 12개월 중 질병·부상 등과 같은 사유로 임금을 지급받지 못한 기간이 계속되는 경우 피보험단위기간 6개월을 충족하지 못해 실업급여를 지급받지 못하는 일이 없도록 하기 위한 것이다. 기준기간은 24개월까지 연장해 최대 3년이 될 수 있다.

❖ 어떤 경우에 기준기간을 연장할 수 있을까

다음과 같은 사유로 30일 이상 임금을 지급받을 수 없었던 경우에는 기준기간을 연장할 수 있다.

> ● 질병·부상
> ● 사업상의 휴업
> ● 임신·출산·육아에 따른 휴직
> ● 사업주의 명에 의한 외국에서의 근무
> ● 노동조합 및 노동관계조정법에 의한 쟁의행위
> ● 동거 친족의 질병·부상을 간호하기 위한 휴직
> ● 군복무를 위한 휴직
> ● 사업주의 명에 의해 고용보험이 적용되지 않는 사업장으로 파견되는 경우
> ● 경영상 이유에 의한 휴직

노조 전임자로 근무한 기간은 기준기간연장 사유로 처리하지 않고 실업급여 보험료를 받고 바로 피보험단위기간으로 산정하고 있다.

❖ 피보험단위기간이란 무엇인가

실업급여를 지급받을 수 있는 자격을 판단하기 위해 만든 기간이다.

피보험단위기간은 이직일로부터 소급해 각각 직전월의 이직 해당일의 다음날까지 1개월씩 구분해 구분된 1월에 임금지급이 된 일수가 15일 이상인 경우에는 피보험 단위기간을 1월로 계산하고, 15일 미만은 산입하지 않는다.

피보험단위기간을 피보험기간과 혼동하지 말아야 한다.

피보험기간은 95년 7월 1일 이후 고용보험이 적용되는 사업장에서 근무한 기간을 말한다. 피보험기간은 임금의 지급여부와 관계없이 근무한 기간이 모두 포함되는 개념이다.

반면 피보험단위기간은 반드시 임금지급과 관련이 있는 기간만 포함된다.

예를 들어 질병·부상이나 육아휴직을 위해 무급으로 6개월간 휴직한 경우 피보험기간에는 포함되나 피보험단위기간에는 포함되지 않는다.

실직하면 지체없이 구직신청부터 하자

❖ 시간을 끌지 말라

실직하면 지체하지 말고 가까운 노동사무소로 가야 한다. 실직된 날로부터 10개월(수급기간)이 지나면 구직급여를 지급받을 수 있는 일수(소정급여일수)가 남아 있어도 급여를 받을 수 없기 때문이다.

실업급여 신청과 처리절차는 다음과 같다.

❖ 처음 지방노동사무소에 나오는 날

이날은 실업신고를 하는 날이다.

실업신고란 실직됐으니 새로운 일자리를 소개해 주고 실직기간 동안 걱정없이 일자리를 구할 수 있도록 실업급

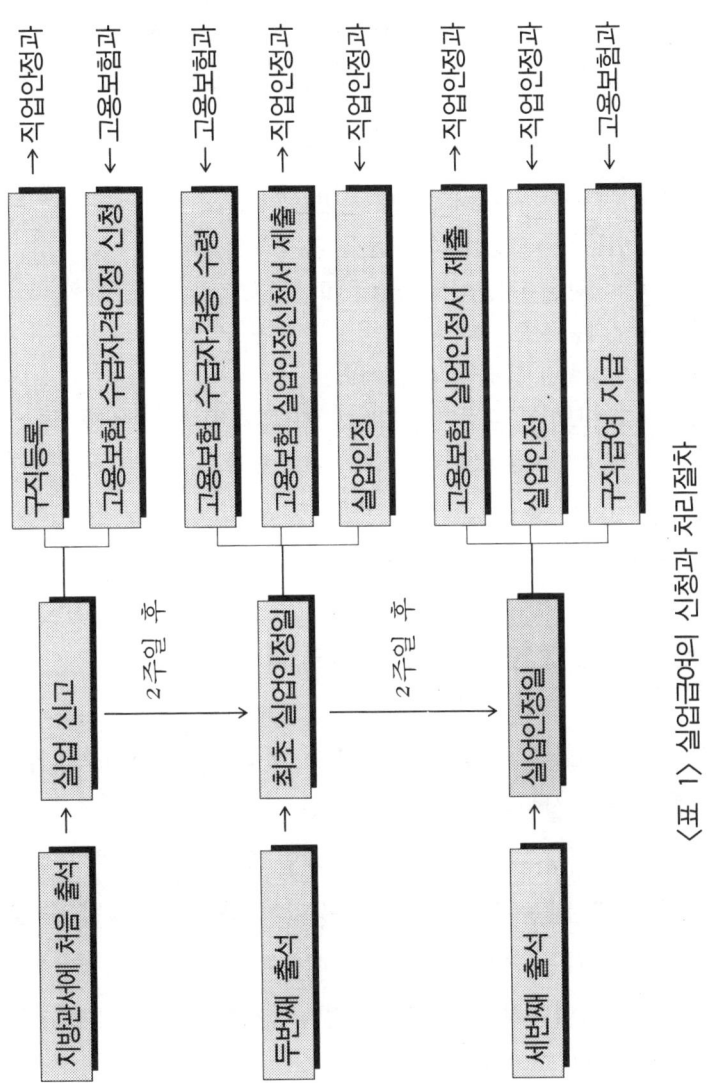

지방관서에 처음 출석 → 실업 신고 ┬ 구직등록 →직업인정과
                              └ 고용보험 수급자격인정 신청 ←고용보험과

2주일 후

두번째 출석 → 최초 실업인정일 ┬ 고용보험 수급자격증 수령 ←고용보험과
                            ├ 고용보험 실업인정신청서 제출 →직업인정과
                            └ 실업인정 →직업인정과

2주일 후

세번째 출석 → 실업인정일 ┬ 고용보험 실업인정서 제출 →직업인정과
                        ├ 실업인정 →직업인정과
                        └ 구직급여 지급 ←고용보험과

〈표 1〉 실업급여의 신청과 처리절차

12. 실직하면 지체없이 구직신청부터 하자 **79**

여를 지급해 달라고 노동사무소에 신청하는 절차다.

실업신고할 때는 다음 사항을 잊지 말아야 한다.

- 지방노동사무소에 갈 때 본인임을 증명할 수 있도록 주민등록증·운전면허증 등을 가지고 갈 것.
- 직업안정과에 구직등록을 하고 구직등록필증을 받을 것.
- 구직등록필증을 갖고 고용보험과에 「고용보험 수급자격 인정신청서」를 작성해 제출할 것.
- 고용보험과 담당자가 다음번 지방노동사무소에 나올 날짜를 알려줄 것이다. 이때 실업급여를 지급받을 금융기관 계좌번호를 기록해 와야 한다.

❖ 두번째 노동사무소에 나오는 날

실업신고 후 지방노동사무소에 2주마다 출석하게 되는데 이날을 실업인정일이라고 한다.

국경일·공휴일 또는 부도·폐업 등으로 신청자가 한꺼번에 몰릴 때는 정해진 실업인정일이 약간씩 조정될 수 있다. 이런 때는 지방노동사무소에서 미리 알려준다.

최초 실업인정일은 처음 지방노동사무소에 온 날로부터 2주(14일) 후이다.

먼저 고용보험과에 가서 고용보험수급자격증(이하 수급자격증)을 받아야 한다.

고용보험 수급자격인정신청서	처리기간
	14 일

신 청 인 (이직자)	①성 명 손 태 영	②주민등록번호 5 8 0 9 2 5 - 1 1 3 5 7 7 7
	③주 소 서울시 광진구 중곡동 48-3 (전화 : 764 - 3215)	

직 전 이 직 사 업 장	④명 칭 제일절밀 (주)
	⑤소재지 서울시 영등포구 당산동 6가 38지
	⑥자격취득일 95년 7월 1일 ⑦이직일 97년 2월 10일
	⑧구체적 이직사유 회사가 대전으로 이전되어 출·퇴근이 곤란

⑨사업장별 피보험기간	구분	명 칭	소 재 지	피보험기간	※확인
	1	제일절밀(주)	영등포구 당산동 6가 38지	95. 7. 1. ~ 98. 2. 10	
	2			. . ~ . .	
	3			. . ~ . .	
	4			. . ~ . .	

⑩국민연금 (특례)노령연금수급여부	1. 수급	② 미수급
⑪장 애 인 여 부	1. 해당	② 미해당

고용보험법시행령 제42조 및 동법시행규칙 제45조의 규정에 의하여
위와 같이 수급자격인정을 신청합니다.

1998년 2 월 20 일

신 청 인 손 태 영 (서명 또는 인)

서울동부 지방노동(청·사무소)장 귀하

구비서류 : 1. 수급기간연장통지서(해당자에 한함)	수 수 료
2. 장애인임을 증명하는 서류(해당자에 한함)	없 음

※ 표시란은 기입하지 아니합니다.

※ 처 리	수 급 자 격 인 정 내 용	실 업 인 정 일	년 월 일
		소 정 급 여 일 수	일
		수 급 기 간 만 료 일	년 월 일
		급 여 기 초 임 금 일 액	원
		이직사유 및 유형	
	수급자격 불인정 사유		

※접수	번호		※결재	담 당		과 장	전결	청 (소) 장		결재연월일
	일자									. .

32325-14911민
97. 3. 21. 승인

210mm×297mm
(일반용지 60g/㎡)

실업급여를 받을 수 있는 사람에게는 모두 수급자격증이 주어진다.

실업급여를 받을 수 없는 사람에게는 수급자격불인정 통지서를 미리 집으로 보내주므로 지방노동사무소에 나올 필요가 없다.

만약 실업급여를 받을 수 없다는 지방노동사무소의 행정처분에 이의가 있으면 수급자격불인정 통지서를 받은 날로부터 90일 이내에 고용보험과로 심사청구서를 제출하면 된다.

상담하는 과정에서 수급자격이 없다고 담당자로부터 설명을 들었으나 그렇지 않다고 생각할 때에도 반드시 구직등록과 수급자격인정신청을 해야 한다.

그래야만 지방노동사무소로부터 수급자격불인정 통지서를 받게 되고 이를 근거로 심사청구를 할 수 있다.

다음으로는 수급자격증을 가지고 직업안정과 실업인정담당자(직업지도관)에게 가서 「실업인정신청서」를 제출해야 한다.

직업안정과 실업인정담당자가 「실업인정신청서」의 내용을 보고 실직된 상태에 있었던 날이 며칠인지를 확인하게 된다. 바로 이 절차가 실업인정이다. 「실업인정신청서」는 구직급여의 지급과 감액을 위한 기초자료가 되므로 다음 사항을 유의해 반드시 사실대로 기재해야 한다.

고용보험 실업인정신청서

	처리기간
	1 일

※ 뒷면의 기재요령을 읽고 기재하시기 바랍니다.

신청인 (수급자격자)	① 성 명	孫太영	② 주민등록번호	5 8 0 9 2 5 - 1 1 3 5 2 7 7
	③ 주 소	서울시 광진구 중곡동 48-3		(전화 : 764-3215)

④ 지정된 실업인정일	1998. 3. 20.	⑤ 실업인정대상기간	98. 3. 6. ~ 98. 3. 19.

⑥ 지 급 계 좌	134 - 02 - 07734-1	(예금주 : 孫太영)

⑦ 실업을 인정받고자 하는 기간중 취업한 날에는 오른쪽 달력상의 해당일에 ○표, 부업 또는 보조업무에 종사한 날에는 해당일에 ×를 하십시오.

3 월	1	2	3	4	5	6	7
	8	9	10	⑪	⑫	13	14
	15	✕	✕	18	19	20	21
	22	23	24	25	26	27	28
	29	30	31				

월	1	2	3	4	5	6	7
	8	9	10	11	12	13	14
	15	16	17	18	19	20	21
	22	23	24	25	26	27	28
	29	30	31				

⑧ 부업 또는 보조업무에 종사함으로써 근로에 의한 소득을 수령하였거나 수령하기로 예정된 경우에 그 내역을 기재하십시오.

(2일)분의 소득(80000원)을 (3월13일)에 수령(예정)

(2일)분의 소득(40000원)을 (4월 10일)에 수령(예정)

⑨ 최근에 국민연금의 (특례)노령연금을 지급받은 적이 있습니까?

1. 예	② 아니오	
지 급 일		금 액

⑩ 실업을 인정받고자 하는 기간중 구직활동을 하였습니까?

① 예	(1) 구직활동방법(해당란에 전부 ○표 하십시오.)
	① 지방노동관서소개 2. 친지·학교등의 소개
	③ 신문광고등 4. 기타( )
	(2) 사업체의 구인에 응모한 적이 있는 경우에는 다음칸을 기재하십시오.

월. 일.	사 업 체 명	구직활동방법	응모결과
98. 3. 10.	우주 전자	1. 2. ③ 4.	불합격
3. 13.	하늘 정밀	① 2. 3. 4.	불합격

2. 아니오	그 이유를 구체적으로 기재해 주십시오.

⑪ 향후 지방노동관서에서 귀하에게 적합한 직업을 소개한다면 응하시겠습니까?

① 예	응하지 않는 경우, 그 이유를 뒷면의 기재요령을 참조하여 해당번호에 ○표 하십시오.
2. 아니오	1. 2. 3. 4. 5. ( )

⑫ 취직 또는 자영업을 하기로 확정(예정)된 경우에 기재 하십시오.

1. 취직	1.지방노동관서 소개 2.친지·학교등의 소개 3.신문광고등 4.기타( ) .... 취직(예정)	취직(자영)사업체 · 회 사 명 :
2. 자영	.........자영업개시(예정)	· 소 재 지 : · 전화번호 :

고용보험법시행령 제44조제1항 및 동법시행규칙 제47조의 규정에 의하여 위와 같이 신청합니다.

1998년 3월 20일

신 청 인 孫太영 (서명 또는 인)

서울동부 지방노동(청·사무소)장 귀하

접수	번호		구비서류 : 증명서 1부(증명에 의한 실업인 정시에 한함)	수 수 료
	일자			없 음

32325-15311민
97.12.26. 승인

210mm×297mm
(일반용지 60g/㎡)

- 일용·임시근로, 주당 22시간 이상의 시간제근로, 농업·상업 등의 가업에 종사한 날 등 취업한 날은 빠짐없이 기재한다.
- 취업이 아닌 부업, 보조업무, 아르바이트 등 '자신의 근로에 의한 소득'이 있었거나 앞으로 받기로 예정된 경우에는 그 내역을 기재한다.
- 국민연금의 노령연금 또는 특례노령연금을 수령하는 경우에는 그 내역을 기재한다.

위 내용을 숨기거나 거짓으로 작성하면 남은 급여를 지급받을 수 없고 이미 받은 금액의 2배를 반환하는 등의 불이익을 받게 된다.

실업인정을 받은 처음 14일은 대기기간이므로 구직급여를 지급받지 못한다. 대기기간을 두는 이유는 회사를 그만두게 되면 보통 처음 얼마동안은 새로운 일자리를 찾기보다는 마음을 정리하는 경우가 많기 때문이다.

또 이 기간중에 다른 직장에 재취직하는 경우도 있고 종전 직장에서 지급받은 급여로 생활할 수 있다고 보기 때문이기도 하다.

❖ 세번째 이후 지방노동사무소에 나오는 날

곧바로 직업안정과 실업인정담당자에게 「실업인정신청서」를 작성해 제출하고 실업인정을 받는다.

구직급여는 실업인정을 받은 날수에 해당하는 금액을 신고한 금융기관 계좌로 입금해 준다.

이후 매 2주마다 지정된 날짜(실업인정일)에 나와서 같은 절차를 반복하면 된다.

13

실업인정일, 불편하면 얼마든지 바꿀 수 있다

급한 일이 생겨서 지정된 날짜에 지방노동사무소에 나올 수 없는 경우가 있다.

이런 때에는 지정된 실업인정일을 바꿔 다른 날 나오거나 다음번 실업인정일에 해당 증명서를 제출해 실업인정을 받을 수 있다.

실업일을 변경할 수 있는 경우는 다음과 같다.

- 취업하는 경우
- 구직자와의 면접 또는 채용시험에 응시하는 경우
- 각종 국가시험·검정 등의 자격시험에 응시하는 경우
- 직업훈련기관 또는 사설학원의 강습을 수강하는 경우
- 본인의 결혼 및 1주일 이내의 신혼여행

- 친인척의 결혼식·장례식에 참석하는 경우
- 선거권 또는 공민권을 행사하는 경우
- 사회통념상 실업인정일의 변경이 부득이 하다고 인정되는 경우

실업인정일의 변경은 늦어도 다음번 실업인정일의 전날까지 해야만 승인 받을 수 있다.

다음과 같은 경우에는 실업인정일을 변경할 필요도 없이 다음번 실업인정일 당일까지 증명서를 제출해 실업을 인정받을 수 있다.

- 7일 미만의 질병·부상(7일 이상은 상병급여로 처리됨)으로 출석할 수 없었던 경우
- 지방노동관서의 직업소개에 의한 구인자와의 면접으로 출석할 수 없었던 경우
- 지방노동관서의 장이 지시한 직업훈련을 받기 위해 출석할 수 없었던 경우
- 예비군훈련, 민방위훈련, 징병검사 등으로 출석할 수 없었던 경우
- 수해·폭설·교통사고 등으로 출석할 수 없었던 경우
- 국회·법원·검찰·지방의회 등에 증인·참고인으로 출석해 지방노동관서에 출석할 수 없었던 경우

구직급여, 이럴 때만 받을 수 있다

구직급여는 실업급여를 받을 수 있는 자격(수급자격)이 있다고 무조건 지급되지 않는다.

일할 생각과 일할 수 있는 능력을 가지고 적극적으로 새로운 직장을 찾으려는 노력을 했는데도 취업하지 못하고 실직상태에 있었던 날에 대해서만 지급된다.

실업기간중 부업·아르바이트 등으로 소득이 있는 경우에는 해당되는 금액을 공제하고 받게 된다(자신의 근로에 의한 소득의 감액).

국민연금의 노령연금이나 특례노령연금을 수령하는 때에는 그 금액만큼 빼고 지급된다.

◈ 구직급여의 지급

매 2주마다 지방노동사무소에 나와서 실업인정을 받게 되므로 구직급여도 2주단위로 받게 된다.

모든 실업급여는 수급자격자가 신고한 금융기관 계좌로 직접 입금된다.

수급자격자는 최초 실업인정일에 급여를 받기 원하는 금융기관의 계좌번호를 실업인정신청서 지급계좌란에 적어서 제출하면 된다.

구직급여는 대개 실업인정을 받은 날 입금된다.

오후 늦은 시간에 실업인정을 받거나 월말 등 금융기관의 업무량이 폭주하는 경우에는 다음날 입금될 수도 있다.

◈ 수급기간

구직급여를 받을 수 있는 기간. 이직일의 다음날로부터 10개월 동안이다.

구직급여는 수급기간내에 소정급여일수만큼 지급받을 수 있으므로 수급기간이 경과하면 소정급여일수가 남아 있어도 받을 수 없다.

수급기간 10개월 중 아래와 같은 사유로 30일 이상 취직할 수 없는 경우에는 최장 3년간 그 기간만큼 수급기간을 연장할 수 있다.

- 임신 · 출산 · 육아
- 본인의 질병 또는 부상
- 배우자의 질병 또는 부상
- 본인 및 배우자 직계존비속의 질병 또는 부상(항상 수급자격자의 간호를 필요로 하는 경우)

수급기간 연장 신고는 사유가 발생한 날로부터 30일 이내에 해야 한다. 신고는 대리인이 해도 된다.

◆ 적극적인 구직활동의 판단기준

다음과 같은 경우에는 근로의 의사나 능력을 가지고 적극적인 구직활동을 했다고 인정되지 않으므로 주의해야 한다.

- 전화로만 회사의 모집여부를 확인하는 경우
- 계속해서 같은 회사에만 구인여부를 확인하는 경우
- 자신의 경력, 기능에 맞지 않는 근로조건을 고집하는 경우
- 산업재해보상보험법의 규정에 의한 휴업급여를 지급받은 경우

- 직업훈련을 받는다는 이유로 구직활동을 전혀 하지 않는 경우(국가·지방자치단체에서 지시하거나 실시하는 직업훈련은 제외)
- 노쇠·질병·부상·산전산후 등 정신적·육체적 상태로 보아 취직이 어려운 직종만을 고집하는 경우
- 근로조건이 이직전 직장에 비해 나쁘다는 이유로 취직을 하지 않는 경우

❖ 취업에 해당되는 날

다음과 같은 경우에는 「취업」한 날에 해당되므로 구직급여가 지급되지 않는다. 따라서 실업인정신청서에 반드시 기재해야 한다.

- 다른 직장에 취직한 날
- 고용보험의 적용이 제외되는 일용 또는 임시근로에 종사한 날
- 주당 22시간 이상의 시간제 근로에 종사한 날
- 상업·농업 등의 가업에 종사한 날
- 행상·노점상을 한 날
- 보수를 받기로 하고 다른 사람의 상업·농업 등 가업을 도와준 날
- 기타 사회통념상 취업했다고 인정되는 날

취업한 날을 거짓으로 기재하면 부정수급자로 간주돼
실업급여를 받을 수 없다.

문의 노동부 실업급여과 ☎ 02-502-6631~2

15

구직급여, 공제·감액·연장될 수 있다

구직급여를 받는 도중 급여액이 공제·감액되는 일이 있을 수 있다.

또 경우에 따라서는 수급기간이 연장 될 수 있다.

❖ 급여의 공제

다음과 같이 「자신의 근로에 의한 소득」이 있는 경우에는 해당금액을 공제하고 급여를 지급한다.

> ●구직활동에 방해가 되지 않는 이른 아침, 저녁시간에 일을 해서 얻은 수입.
> ●주당 22시간 미만의 시간제근로에 종사해 얻은 수입

❖ 급여의 감액

국민연금의 노령연금이나 특례노령연금을 받거나 자신이 근로해 소득이 발생한 경우에는 구직급여에서 해당금액이 공제된다.

하루에 번 돈과 하루치 구직급여금액의 합계액이 이직 전 평균임금의 80%를 넘으면 초과한 금액만큼 감액된다. 감액해야 할 금액(초과하는 금액)이 하루치 구직급여액보다 많은 경우에는 하루치 구직급여 금액만큼만 감액된다.

예를 들어보자.

평균 임금(급여기초임금월액)이 6만원이고 1일 구직급여 금액이 3만원인 수급자격자가 아르바이트로 하루에 4만원을 번 경우 얼마나 감액될까.

1일구직급여금액(3만원)과 1일 소득금액(4만원)의 합계액은 7만원이고 수급자의 이직 전 평균임금의 80%는

4만 8천원(6만원 × 80/100)이므로 초과금액 2만 2천원 (7만원 - 4만 8천원)을 1일구직급여액에서 공제(3만원 - 2만 2천원) 하고 8천원만 지급받게 된다.

국민연금의 노령연금 또는 특례노령연금을 수령하는 경우에는 얼마나 감액될까.

하루 구직급여금액에서 하루분에 해당하는 연금액이 공제된다.

이렇게 감액을 하는 데는 이유가 있다.

실업급여로 받은 금액과 근로소득금액을 합한 금액이 실직전 임금과 비슷하거나 많게 되면 다시 취직하기보다는 실업급여를 받고 부업·아르바이트 등으로 생활하려고 하므로 이를 방지하기 위한 것이다.

◆ 구직급여의 연장

직업훈련을 받거나 여러가지 여건상 취직이 매우 곤란하다고 인정될 경우가 있다. 이럴 때는 소정급여일수를 넘겨 구직급여를 받게 된다.

실업율의 급증 등으로 노동부장관이 고시하는 기간에 소정급여일수가 종료되었으나 취직이 되지 않은 경우에도 가능하다.

구직급여가 연장되는 사람은 다음과 같다.

- 지방노동관서의 장이 지시한 직업훈련을 받는 수급자
  격자
- 노동부장관이 지정·고시한 지원대상 업종 또는 지역에
  서 이직한 사람 중 소정급여일수가 끝날 때까지 취직할
  가능성이 없고 재취직을 위해 지원이 필요하다고 인정
  된 사람.
- 노동부장관이 정해 고시하는 기간에 소정급여일수가 종
  료되고도 재취직이 되지 않은 수급자격자.

구직급여가 연장지급되는 일수는 다음과 같다.

- 훈련연장급여 : 훈련기간(최대 2년, 구직급여의 1백%)
- 개별연장급여 : 60일 이내(구직급여의 70%)
- 특별연장급여 : 60일 이내(구직급여의 70%)

구직급여 연장지급은 수급자격자의 신청으로 이뤄지지
않는다.

지방노동관서장·노동부장관이 여러가지 상황을 종합적
으로 판단·결정해 개별통지하거나 고시한다.

노동부는 7월 15일부터 99년 1월 14일까지 6개월 동
안 특별연장급여제도를 실시한다. 특별연장급여를 받기 위

해 별도의 절차를 밟을 필요는 없으며 구직활동 상황보고
도 지방노동관서에 4주에 한번씩만 하면 된다.

　그러나 퇴직 당시 퇴직금이나 퇴직위로금으로 5천 1백
10만원 이상을 받은 실직자는 제외된다.

문의 노동부 실업급여과 ☎ 02-502-6631~2

아파서 구직활동 못해도 구직급여 받는다

몸이 아파서 구직활동을 하지 못하는 경우가 있다. 이럴 때도 실업급여를 받을 수 있다. 또 수급권자가 사망하면 미지급분은 유족에게 돌아간다.

◈ 상병급여

구직급여는 수급자격자가 적극적인 구직활동을 했는데도 취업을 하지 못한 경우에만 받을 수 있다.

따라서 수급자격자가 질병·부상으로 구직활동을 할 수 없는 경우에는 구직급여를 받을 수 없으므로 생계에 어려움을 겪게 된다.

이와 같이 질병·부상기간이 7일 이상인 경우 수급자격자의 생계안정을 위해 구직급여 대신 지급하는 급여를 상

고용보험 상병급여청구서		처리기간 7 일

수급자격자	①이름 이 진 숙	②주민등록번호 5 9 0 1 3 0 - 2 0 4 6 3 2 1
	③주소 서울시 영등포구 여의도동 100	(전화 : 700 - 7890)

대 리 인	④이름 배 남 현	⑤주민등록번호 5 4 0 1 0 3 - 1 2 3 4 5 6 7
	⑥주소 서울시 영등포구 여의도동 100	(전화 : 700 - 7890)
	⑦수급자격자와의 관계 배 우 자	⑧대리사유 입 원

상 병 상 태	⑨상 병 명 맹장 수술	⑩초 진 일 1998. 10. 1.
	⑪진료예상기간 1998. 10. 1.~1998. 10. 14.	

⑫상병으로 미취업한 기간	1998. 10. 1.~ 1998. 10. 14.
⑬상 병 급 여 청 구 기 간	1998. 10. 1.~1998. 10. 14.

⑭다른법률에 의거 보상받은 내용	보 상 명		금 액	
	보상기간	. . . ~ . . .		

⑮자신의 근로에 의한 소득	소 득 일	
	소 득 액	

⑯지 급 계 좌	134 - 장 - 003004 - 2 (농협) (예금주 : 이 진 숙)

고용보험법시행령 제59조제1항 및 동법시행규칙 제59조제1항의
규정에 의하여 위와 같이 청구합니다.

1998. 10. 17.

청 구 인(대리인) : 이 진 숙 (서명 또는 인)

서울남부지방노동(청·사무소)장 귀하

구비서류 : 질병·부상에 관한 증명서	수 수 료 없 음

※ 표시란은 기입하지 아니합니다.

※ 처 리	상병급여 지급결정 사 항	지급대상기간				
		산 출 내 역				
		지 급 액				
	부지급사유					

※ 결 재	담 당		주 무		과 장		청 (소) 장		결재연월일

32325-15311민
95. 6. 9.승인

210mm×297mm
(일반용지 60g/㎡)

병급여라고 한다.

　질병·부상기간이 7일 미만인 경우에는 실업인정일을 변경해 구직급여를 받을 수 있다. 상병급여는 다음의 세 가지 요건을 모두 갖춘 경우에만 받을 수 있다.

- 지방노동관서에 실업신고(구직등록 및 수급자격인정신청)를 한 이후에 발생한 질병·부상이어야 할 것.
- 질병·부상기간이 7일 이상이어야 할 것.
- 지방노동관서의 직업소개·직업지도·직업훈련지시를 거부해 구직급여가 지급 정지된 기간이 아닐 것.

　상병급여는 구직급여를 대신해 지급하는 것이다. 따라서 구직급여 금액과 같은 액수가 지급된다.

　부상·질병이 오랫동안 계속돼도 남아 있는 구직급여만큼만 상병급여로 받을 수 있다.

　상병급여는 질병·부상의 치료가 끝난 뒤의 최초 실업인정일에 청구하면 된다.

　수급기간이 끝나 실업인정일이 없는 경우에는 수급기간이 끝난 뒤 30일 이내에 청구하면 된다.

　질병·부상기간이 2주 이상으로 장기화돼 생계에 어려움이 있는 경우에는 질병·부상기간중이라도 신청할 수 있다.

❖ 미지급의 구직급여

수급권자가 사망하면 그에게 지급돼야 할 구직급여로서 지급되지 않은 금액이 남아 있는 경우 유족이 청구하면 이를 지급받는다. 이를 청구할 수 있는 유족의 우선순위는 다음과 같다.

---

1. 배우자(사실상의 혼인관계에 있는 자도 포함)
2. 자녀
3. 부모
4. 손자·손녀
5. 조부모
6. 형제자매 중 수급자격자와 생계를 같이하고 있는 자

미지급된 구직급여를 청구하려는 유가족은 다음의 서류를 갖춰 신고·제출해야 한다.

- 고용보험 미지급실업급여청구서
- 사망진단서·사체검안서 등 수급자격자의 사망을 입증할수 있는 서류
- 주민등록등본
- 사망한 수급자격자의 수급자격증

문의 노동부 실업급여과 ☎02-502-6631~2

17

취직촉진수당, 어떤 경우에 얼마나 받나

취직촉진수당은 구직급여를 받고 있는 근로자가 빠른 시일내에 새로운 직장을 구하는 것을 도와주기 위해 지급되는 급여다.

앞서도 설명했지만 취직촉진수당에는 조기재취직수당·직업능력개발수당·광역구직활동비·이주비 등이 있다.

◆ 조기재취직수당

실업급여를 지급받고 있던 사람이 빠른 시일내에 새로운 직장에 취직하는 경우에 지급되는 보너스적 성격의 수당이다. 재취업이 된 기쁨에 깜빡 잊어버리기 쉬운 만큼 각별히 신경을 써야 한다.

해당요건은 다음과 같다.

- 대기기간이 경과한 뒤에 취직할 것.
- 새로 취직한 직장에서 1년 이상 계속 근무할 것이 예상될 것.
- 구직급여를 지급받지 않고 남아있는 날수(미지급 구직급여일수)가 자신이 구직급여를 받을 수 있는 날수(소정급여일수)의 1/2 이상일 것.

지급금액은 남은 기간동안 받을 수 있는 구직급여액의 1/2이다.

예를 들어 보자.

소정급여일수가 90일, 1일 구직급여액 3만원인 사람이 30일분의 구직급여를 지급받은 뒤 새로운 직장에 취직했다면 조기재취직수당은 얼마나 받을 수 있을까.

이미 30일분의 구직급여를 받고 재취직했으므로 「대기기간 경과 후 취직」에 해당되며 지급되지 않은 구직급여일수가 60일이므로 조기재취직수당을 받을 수 있는 자격이 있다.

조기재취직수당은 미지급된 구직급여액의 1/2이므로 3만원 × 60일 × 1/2 = 90만원.

새로운 직장에 재취직한 날로부터 3년 이내에는 언제나 신청할 수 있다.

본인 또는 대리인이 신청할 수 있으며 우편신청도 가능하다.

고용보험 조기재취직수당청구서		처리기간
		30 일

청 구 인 (수급자격자)	①성 명	이건숙	②주민등록번호	5 9 0 1 3 0 - 2 0 4 6 3 3 1
	③주 소	서울시 영등포구 여의도등 100 (전화 : 700-9890)		

취업(예정) 사업장	④명 칭	하늘 전자 (주)	⑤사업주	김 하 늘
	⑥소재지	대전시 동구 가양동 10 (전화 : 310 - 1234)		
	⑦업 종	전자제품 제조업		

⑧채용(예정)일	98 년 11 월 1 일	⑨직 종	조립원
⑩근로계약기간	① 있음 (98. 11. 1. ~ 99. 10. 31.)		2. 없음

위에 기재한 사실이 틀림없음을 확인합니다.

1998년 11 월 30일

확인자(사업주) 김 하 늘 (인)

⑪재취직한날 이전 2년간에 조 기재취직수당을 받은 사실	1. 있음(받은날 . .) ② 없음	
⑫청구금액(남은 소정급여일수의 1/2 × 구직급여일액)	60일 × 1/2 × 30,102원 = 903,080 원	
⑬지급계좌	134 - 36 - 003004 - 2	(예금주 : 이 건 숙)

고용보험법시행령 제63조제1항 및 동법시행규칙 제60조의 규정에
의하여 위와 같이 청구합니다.

1998년 11 월 30일

청 구 인 이 건 숙 (서명 또는 인)

서울남부 지방노동(청 · 사무소)장 귀하

	수 수 료
	없 음

※ 표시란은 기입하지 아니합니다.

※ 처 리	조기재취직 수당지급 결정사항	산 출 내 역						
		지 급 액						
	부지급사유							

※접수	번호		※결재	담 당		과 장	전결	청 (소) 장	결재연월일
	일자								. . .

32325-14911민
97. 3. 21. 승인

210mm×297mm
(일반용지 60g/㎡)

◆ 직업능력개발수당

지방노동관서장이 지시한 직업훈련을 받는 경우에 교통비·식대 등을 위해 지급하는 수당이다.

실제로 훈련을 받은 날 하루에 5천원씩 지급된다. 본인이 출석해 신청하는 것이 원칙이지만 낮에 직업훈련을 받는 경우에는 대리인(직업훈련원 직원)이 할 수도 있다.

◆ 광역구직활동비

살고 있는 지역에서 재취직하기 어려울 때가 있다. 이런 경우 지방노동관서장이 소개하는 먼 지방에 출장해 구직하게 되는데 이때 든 비용을 지급하는 수당을 말한다.

거주지로부터 50km 이상 떨어진 곳에 있는 회사에서 구직활동을 할 때에만 지급된다.

수당은 아래와 같이 숙박비와 교통비로 나온다.

- 숙박비 : 1일 1만 7천 5백원
- 교통비
  - 철도 : 무궁화 보통실
  - 선박 : 2등실 정액요금
  - 자동차 : 건설교통부 고시 요금

[별지 제62호서식]

고용보험 광역구직활동비청구서				처리기간
				7 일

청 구 인 (수급자격자)	①이 름	이 진 숙		② 주민등록번호	591130-2046321
	③주 소	서울시 영등포구 여의도동 100 (전화 : 700-7890)			

방문사업장	④ 명 칭	⑤ 소 재 지 (전 화 번 호)	⑥구인자로부터 지급받은비용	⑦ 사 업 장 확 인 (서명 또는 인)
	하늘 전자(주)	대전시 동구 가양동 10	30,000원	

⑧ 교통편 이용내역(광역구직활동거리, 구간, 교통수단, 요금 등을 상세히 기재합니다.)
- 버스요금 (서울 ↔ 대전) ; 25,000 원
- 숙박비 14500 원   * 이동거리 400km(왕복), 방문일 98.10.22.

⑨지급계좌	134-잡-003004-2 (농협)	(예금주 : 이 진 숙)

고용보험법시행령 제65조제2항 및 동법시행규칙 제63조제1항의 규정에 의하여 위와 같이 청구합니다.

1998년 10월 22일

청구인 이 진 숙 (서명 또는 인)

서울 남부 지방노동(청·사무소)장 귀하

수 수 료
없 음

※ 표시란은 기입하지 아니합니다.

※ 처 리	광 역 구 직 활 동 비 지 급 결 정 사 항	산출내역	
		지급액	
	부 지 급 사 유		

※ 결 재	담 당	주 무	과 장	청 (소) 장	결재연월일 . . .

32325-16211민
95. 6. 9. 승인

210mm×297mm
(일반용지 60g/㎡)

고용보험 이주비청구서

	처리기간
	7 일

청 구 인 (수급자격자)	①이 름	이 진 숙	②주민등록번호	59 0130 - 2046321
	③이주전주소	서울시 영등포구 여의도동 100		
	④이주후주소	대전시 동구 가양동 150-3 (전화번호: 310-0123)		
취직사업장 (직업훈련기관)	⑤명 칭	계룡 전자 (주)		
	⑥소 재 지	대전시 동구 가양동 10 (전화번호: 312-0210)		

⑦취 업 일(수강개시일) 1998. 11. 1.

⑧근로계약기간(훈련수강기간) 1998. 11. 1. ~ 1999. 10. 31.

⑨사업주로부터지급받은금액 50,000 원

위의 사실이 틀림없음을 확인합니다.

1998 년 11 월 1 일

확인자(사업주) 이 계 룡 (인)

⑩이주한일자	⑫ 이주시 동반한 가족	관 계	성 명	주 민 등 록 번 호
1998. 11. 1.		배우자	배 남 현	54012-1234567
⑪이주한거리		자	배 명 선	86 1010 -1573254
300 Km		자	배 명 숙	88 0404 -146 25 67

⑬지 급 계 좌 134-26-003004-2 (예금주: 이 진 숙)

고용보험법시행령 제66조제2항 및 동법시행규칙 제65조제1항의 규정에 의하여 위와 같이 청구합니다.

1998 년 11 월 2 일

청구인 이 진 숙 (서명 또는 인)

대전 지방노동(청)사무소)장 귀하

수 수 료
없 음

※ 표시란은 기입하지 아니합니다.

※ 처 리	이 주 비 지급결정사항	산출내역	
		지 급 액	원
	부 지 급 사 유		

※ 결 재	담 당		주 무		과 장		청 (소) 장		결재연월일
									. . .

32325-16311민
95. 6. 9. 승인

210mm×297mm
(일반용지 60g/㎡)

자가용으로 다니는 경우에는 건교부 고시 요금(시외버스 또는 고속버스요금)을 지급한다.

❖ 이주비

취직으로 거주지를·옮기거나 지시한 훈련을 받기 위하여 이사를 해야 하는 경우에 이사비용으로 지급하는 수당이다.

이동거리와 가족수에 따라 차등지급된다. 국가공무원 국내여비규정의 이전비정액표에 의해 산정되며 독신은 50% 감액하고 5인가족은 30% 증액 지급한다.

예컨대 독신자가 50km 이주시에는 4만 3천 1백 50원, 5인가족이 4백 50km 이상 이주시에는 34만 8천 7백 90원이 지급된다.

문의 노동부 실업급여과 ☎ 02-502-6631~2

18

실업급여, 이럴 땐 받을 수 없다

고용보험에 가입하고 실직한 사람이라고 해서 누구나 실업급여를 받을 수 있는 것은 아니다.

당연히 받을 수 있으려니 하고 노동사무소에 갔다가 "당신은 자격이 없습니다"라는 통보를 받고 망연자실하게 되는 경우를 종종 보게 된다.

◆ 실업급여를 받으려면 수급자격을 갖춰야 한다

수급자격을 갖추지 못하면 당연히 실업급여를 받을 수 없는 것이다.

이직 전 12개월 중 고용보험적용사업장에서 6개월 이상 근무하지 않은 경우, 학업·가업 등을 위해 스스로 회사를 그만둔 경우에는 수급자격이 인정되지 않는다.

또 본인의 중대한 과실로 해고된 경우, 회사에 막대한 손해를 끼쳐 해고된 경우, 실직 후 재취직(자영업 포함)한 경우도 마찬가지다.

이직일로부터 10개월(수급기간)이 지난 경우에는 급여를 받을 수 있는 날수를 말하는 소정급여일수가 남아 있어도 급여가 지급되지 않는다. 따라서 직장을 잃으면 최우선적으로 실업신고를 해야 한다.

물론 예외도 있다. 임신·출산·육아, 본인이나 배우자의 질병·부상 등의 특별한 사유가 있으면 최대 3년까지 연장할 수 있다. 연장할 때는 대리인이 가도 된다.

실업인정을 받지 못한 경우도 실업급여를 지급받을 수 없다.

지정된 실업인정일에 출석하지 않은 경우, 실업인정일에 본인이 출석하지 않은 경우, 근로의 의사와 능력이 없다고 인정되는 경우, 2주 동안 적극적으로 구직활동을 하지 않는 경우는 모두 실업인정을 받을 수 없고 따라서 실업급여도 받을 수 없다.

전화로만 회사의 모집여부를 확인하는 경우, 계속해서 한 회사에만 구인여부를 확인하는 경우, 경력이나 기능에 맞지 않고 좋은 근로조건만 고집하는 경우, 직업훈련을 받는다는 이유로 구직활동을 하지 않는 경우 등은 적극적 구직의 의사가 없는 것으로 판단해 구직급여 지급이 중단된다.

◆ 부정한 방법으로 실업급여를 지급받았거나 지급받으려고 한 경우

이럴 때는 당연히 실업급여 지급이 중지되며 부정하게 받은 금액의 2배를 반환하게 되는 등 불이익처분을 받게 된다.

보다 구체적인 설명은 「20. 부정하게 청구하면 큰 손해 본다」편을 참고하면 된다.

◆ 지방노동관서의 직업소개·직업지도·직업훈련지시에 응하지 않는 경우

이럴 때도 실업급여를 받을 수 없다.

직업소개·직업지도를 거부하면 2주간, 직업훈련지시를 거부하면 4주간 실업급여의 지급이 정지된다.

여기서 꼭 알아야 할 것은 지급중지와 지급정지의 차이이다. 지급중지는 부정한 방법으로 실업급여를 청구하거나 수령한 경우에 적용되며 남아 있는 소정급여일수에 관계없이 실업급여를 받을 수 없게 된다. 지급정지는 해당되는 기간동안은 실업급여를 받을 수 없으나 그 기간이 지나면 다시 구직활동을 하고 실업급여를 받을 수 있다.

문의 노동부 실업급여과 ☎ 02-502-6631~2

19

직업훈련 참가하면 최장 2년간 실업급여 받는다

일단 실직을 하게 되면 특별한 기능이 없을 경우 여간 해서는 취직이 곤란하게 된다. 또 전에 다니던 직장에서의 기능·자격이 쓸모없게 되거나 나이·지역 고용사정 등 때문에 취직이 어렵게 되는 일도 흔히 있다.

이럴 때는 지방노동관서 직업안정과 실업인정담당자와 상의해 직업훈련을 받는 것이 좋다. 새로운 직장에 취직하기 위해 직업훈련이 필요하다고 인정되면 지방노동관서장이 직업훈련지시를 하게 된다.

앞에서도 언급한 대로 지방노동관서의 직업훈련지시를 받아들이지 않으면 4주 동안 급여가 지급정지된다. 지시에 따라 훈련을 받으면 최대 2년 동안 본인의 소정급여일수를 초과해 구직급여를 받을 수 있다.

훈련받은 날에 대해서는 1일 5천원씩 직업능력개발수당

고용보험 직업훈련등수강신고서		처리기간
		1 일

신 고 인 (수급자격자)	①성 명 손해영 ②주민등록번호 580935-1135277			
	③주 소 서울시 광진구 중곡동 48-3 (전화 : 764-3215)			
직업훈련등 수강내용	④훈련기관명	한강 직업 전문학교		
	⑤소 재 지	서울시 동대문구 이문동 388 (전화 : 934-6001)		
	⑥수강기간	1998. 4. 1. ~ 1999. 3. 31. (1 년 0 개월)		
	⑦수강직종 자동차 정비	⑧주·야간구분	①. 주간	2. 야간
⑨수강지시 지방노동관서명 서울 동부		⑩수강지시일자 1998. 3. 20.		
⑪훈련기관 관할 지방노동관서로의 실업급여 사무위탁 희망여부		해당 없음		

위의 사실이 틀림없음을 증명합니다.	고용보험법시행규칙 제49조제1항의 규정에 의하여 위와 같이 신고합니다.
1998년 3 월 31 일	1998년 3 월 31 일
한강직업 전문학교 직업훈련기관의 장 (인)	신고인 손해영 (서명또는인) 서울동부지방노동(청·사무소)장 귀하

	수 수 료
	없 음

※ 표시란은 기입하지 아니합니다.

※ 처 리	대리인에 의한 수강증명서 제출	1. 인정	대리인성명		수급자와의 관계	
		2. 불인정	불인정사유			
	구직급여연장 지급대상	1. 대상		2. 비대상		
		비대상사유				
	비 고					

※ 결 재	담 당		과 장		청 (소) 장		결재연월일
							. .

32325-15411민
97. 3. 21. 승인

210mm×297mm
(일반용지 60g/㎡)

도 지급된다.

훈련기간 동안에는 한달에 한번씩 훈련받고 있는 증명서 「고용보험 직업훈련 등 수강신고서」를 제출하면 된다. 수강신고서는 훈련기관의 직원이 대신 제출할 수도 있다.

훈련지시에 의해 직업훈련을 받는 경우에는 유의할 점이 많다. 먼저 지방노동관서의 훈련지시를 받은 다음 직업훈련기관에 등록해야 여러가지 특전을 받을 수 있다. 훈련시간은 80% 이상 반드시 참석해야 한다. 훈련을 불성실하게 받으면 훈련도중이라도 훈련지시가 취소될 수 있기 때문이다.

훈련이 끝난 뒤에는 다시 직업안정과에 출석해 구직등록을 하는 등 재취직노력을 해야 한다.

◆ 직업능력개발수당은 실제로 훈련받은 날에 대해서만 지급된다

그러나 구직급여는 훈련을 받은 날뿐 아니라 공휴일, 직업훈련기관의 사정, 부득이한 본인으로 사정으로 훈련받지 못한 날에 대해서도 지급된다.

납득할 만한 사유가 없이 본인사정으로 훈련받지 않은 날에 대해서는 구직급여와 직업능력 개발수당이 지급되지 않는다.

부득이한 사정으로 인정돼 구직급여(직업능력수당은 제외됨)가 지급되는 대표적인 경우는 아래와 같다.

- 본인이 7일 미만의 질병·부상(7일 이상은 상병급여로 지급) 당했거나 취직을 위한 면접 또는 채용시험에 응시할 때
- 각종 국가시험·자격검정시험에 응시하는 경우
- 예비군훈련·민방위훈련·징병검사 등 국가의 소집·동원에 응하는 경우
- 본인 및 자녀의 결혼, 본인·배우자·직계가족의 경조사에 참석하는 경우
- 기타 사회 통념상 훈련을 받을 수 없는 경우

문의 노동부 실업급여과 ☎02-502-6631~2

부정하게 청구하면 큰 손해 본다

너무나 당연한 애기지만 부정한 방법으로 실업급여를 청구하거나 지급받으면 제재를 받게 된다.

고의로 하는 경우에는 당연한 결과이지만 규정을 제대로 몰라 낭패를 겪을 수도 있으므로 주의해야 한다.

대표적인 부정행위는 피보험자격의 취득일 또는 상실일을 허위로 신고하거나 이직사유·임금액을 허위로 기재하는 것이다.

다른 사람의 자격을 이용하거나 해고된 것으로 위장한 경우, 구직활동의 허위신고, 취업사실을 신고하지 않거나 취업날짜를 다르게 신고하는 경우도 자주 적발되는 사례들이다.

이밖에 부업에 의한 소득을 신고하지 않거나 각종 신고·신청서에 허위기재하거나 사업주가 각종 허위증명을 발급하는 행위도 제재의 대상이 된다.

부정행위가 적발되면 남아 있는 구직급여나 취직촉진수당이 지급중지된다. 또 부정행위와 관련해 받은 급여액(부정수급액)뿐만 아니라 부정수급액과 동일한 금액을 추가로 반환해야 하는 불이익이 따른다.

부정한 정도에 따라 1년 이하의 징역 또는 3백만원 이하의 벌금 등 형사처벌을 받을 수도 있다.

문의 노동부 실업급여과 ☎02-502-6631~2

21

억울하면 주저없이 심사 · 재심사 청구하라

실업급여와 관련해 지방노동관서의 행정처분에 이의가 있는 고용보험 가입 근로자(피보험자)는 심사 · 재심사 청구가 가능하다.

절차는 심사와 재심사의 2심제도로 이뤄진다.

심사는 고용보험심사관이, 재심사는 고용보험심사위원회에서 담당하고 있다.

◆ 심사 및 재심사 청구대상

- 피보험자격의 취득 · 상실의 확인에 대한 처분
- 실업급여 수급자격 불인정 처분
- 실업인정에 관한 처분

- 실업급여 부지급에 관한 처분
- 부정수급반환명령에 대한 처분

　　고용보험법에 의한 보험료징수처분, 고용안정사업, 직업
능력개발사업에 관한 처분은 심사·재심사 청구대상이 되
지 않는다.

❖ 심사청구

　　지방노동관서의 처분통지를 받은 날로부터 90일 이내에
청구해야 한다.
　　심사청구서는 행정처분을 한 지방노동관서에 제출해야
하며 심사결과는 고용보험심사관으로부터 30일 이내에 통
지받게 된다.

❖ 재심사 청구

　　고용보험심사관의 심사결정통지를 받은 날로부터 90일
이내에 청구해야 한다. 재심사청구서는 최초 행정처분을
한 지방노동관서에 제출해야 한다.
　　〈표 1〉「이의심사 청구절차」를 잘 살펴보기로 하자.

심 사 청 구 서	처리기간
	30 일

| 청 구 인 | ①성 명 | 심사연 | ②주민등록번호 | 541310-1344971 |
| | ③주 소 | 부산시 북구 구포동 56 | (전화 : 051) 304-9147) |

| 대리인 또는 선정대표자 | ④성 명 | | ⑤주민등록번호 | |
| | ⑥주 소 | | (전화 :) |

| 피청구인 | ⑦원처분청 | 부산 북부 지방 노동사무소장 |

원 처 분 내 용	⑧원처분일	1998. 7. 1.	⑨원처분을 안날	1998. 7. 5.
	⑩처분내용	구직급여 부지급 결정통지
	⑪원처분청의 고지 유무 및 그 내용	부지급 결정 처분에 이의가 있는 경우에는 처분이 있음을 안 날로부터 90일 이내에 원처분청을 경유하여 심사청구 하시기 바람.
	⑫청구취지 및 이유	(별지 기재와 같음)

　　　　고용보험법 제75조의3 및 동법시행령 제101조의 규정에 의하여 위와 같이 신고합니다.

1998 년　7 월 31 일

청 구 인　심사연 (서명 또는 인)

고용보험심사관 귀하

구비서류 : 청구서 부본	수 수 료
	없 음

32325-19611민
97.12. 26. 승인

210mm×297mm
(일반용지 60g/㎡)

재 심 사 청 구 서					처리기간
					50 일

청 구 인	①성 명	심 4 연	②주민등록번호	541310-1344971		
	③주 소	부산시 북구 구포동 66		(전화 : 051) 304-9147)		
대리인 또는 선정대표자	④성 명		⑤주민등록번호			
	⑥주 소			(전화 :)		
피청구인	⑦원처분청	부산 북부 지방 노동사무소장				

원 처 분 내 용	⑧원처분일	1998. 7. 1.	⑨원처분을 안날	1998. 7. 5.
	⑩처분내용	구직급여 부지급 통지	원처분의 고지유무	유

⑪결정한 심사관명	O O O	⑫결정서를 받은 날	1998. 8. 30.	⑬결정이 있음을 안날	1998. 9. 3.
⑭심사관의 고지 유무 및 그 내용	이 결정에 이의가 있을 때에는 결정서를 받은 날로부터 90일 이내에 원처분청을 경유하여 고용보험심사위원회에 재심사를 청구할 수 있음.				
⑮청구취지 및 이유	(별지 기재와 같음)				

　　　　고용보험법 제76조의4 및 동법시행령 제117조의 규정에 의하여 위와
같이 청구합니다.

　　　　　　　1998년 9월 10일

　　　　　　　　　　　　　청 구 인 심 4 연 (서명 또는 인)

　　　　　　고용보험심사위원회 위원장 귀하

첨부서류 : 청구서 부본	수 수 료
	없 음

32325-20911민
97.12.26. 승인
210mm×297mm
(일반용지 60g/㎡)

| 실업급여
관 련
행정처분 | 심사청구
→
90일 이내 | 고용보험
심 사 관 | 재심사청구
→
90일 이내 | 고용보험
심사위원회 | 소송제기
→
90일 이내 | 행정소송 |

원처분청경유　　　(50일 이내 처리)
(30일 이내 처리)

〈표 1〉 이의심사 청구절차

❖ 행정소송

재심사 결정에 이의가 있는 경우에는 행정소송을 할 수 있다.

행정소송은 고용보험심사위원회의 재심사 결정통지를 받은 날로부터 90일 이내에 서울행정법원에 제기해야 한다.

22

사장님이 협조해야 실업급여 빨리 받는다

실직자가 실업급여를 신속히 받기 위해서는 「사장님」의 협조가 절대적으로 필요하다.

사업주는 직원 중에서 실직자가 발생하면 그에게 실업급여제도에 대해 안내해주고 이직 즉시 거주지 관할 노동사무소에 실업신고를 해야 한다는 사실을 알려 주어야 한다.

노동관서에 「피보험자자격상실신고서」와 「이직확인서」를 이직일로부터 14일 이내에 제출하는 일도 잊어서는 안 된다.

여기에는 이직사실·이직사유·평균임금내역 등을 기재한다. 허위기재하면 사업주 연대책임이 있으므로 정확히 기재해야 한다.

사업주가 신경을 못쓰고 지나가면 당사자인 실직자가 채근해야 한다.

[별지 제15호서식]   (앞쪽)

고용보험 피보험자 ☑ 자격상실신고서
                  ☑ 이직확인서

	처 리 기 간
	7 일

※ 뒷면의 기재요령을 읽고, 기재하시기 바랍니다.

①사업장관리번호 9 5 - 0 3 3 5 7 7 - 1 - 7 7 0 - 1 3 0 5 ②사무조합번호

③하수급인관리번호(건설공사등의 미승인 하수급인에 한함)

사 업 장	④명 칭	제일절명(주)		
	⑤소재지	서울시 영등포구 영산동 6가 38지		(전 화 : 354 - 7719)
피보험자 (이직자)	⑥성 명	손 태 영	⑦주민등록번호 5 8 0 9 3 5 - 1 1 3 5 3 9 9	
	⑧주 소	서울시 광진구 주유돈 48-3		(전 화 : 764 - 3315)

⑨상 실 일 1998년 3월 4일   ⑩상실시 직종 7. 생반기술자

⑪상실(이직)사유   (구체적사유)

| 구 분 | 1 5 | 24수가 대전으로 이전되어 출·퇴근의 곤란을 이유로 이직 |

⑫피보험단위기간 산정 대상기간	(이직일)	⑬임금지급 기초일수	⑭기준기간 연 장 기 간	사 유	⑯평 균 임 금 산 정 내 역				
98. 1. 11. ~ 18. 3. 10.		36							
99. 12. 11. ~ 18. 1. 10.		35			⑰임금계산 기 간	98.3.1부터 3.9까지	98. 1.1부터 1.31까지	97.12.1부터 12.31까지	97.11.1부터 11.30까지	계
11. 11. ~ 99. 12. 10.		36			⑱총 일 수	9 일	31 일	31 일	31 일	93 일
10. 11. ~ . 11. 10.		31								
9. 11. ~ . 10. 10.		30	⑲임금내역	기 본 급	732000	1500000	1500000	756000	4488000
8. 11. ~ 9. 10.		31		기타수당	150000	300000	300000	170000	920000
7. 11. ~ 8. 10.		30		상 여 금	3,000,000 × 3/12				750000
6. 11. ~ 7. 10.		31		연차수당	800,000 × 3/12				300000
5. 11. ~ 6. 10.		31		기 타					
4. 11. ~ 5. 10.		30		⑳평균임금	총임금액: 6,358,000 ÷ 총일수: 93 = 68,108				
3. 11. ~ 4. 10.		31		㉑통상임금					
3. 11. ~ 3. 10.		39		㉒퇴직금등 수령액	· 퇴 직 금 42,000,000				
~					· 퇴직금이외 기타금품				
~					㉓기 타				
⑮피보험단위기간	13 개월								

본 확인서의 기재사항은 사실과 다름이 없음을 인정합니다.

1998년 3월 17일

이직자 손 태 영 (서명 또는 인)

고용보험법시행령 제10조제1항·제2항 및 고용보험법시행규칙 제12조제1항 또는 동법시행령 제10조제3항 및 동법시행규칙 제12조제2항의 규정에 의하여 위와 같이 신고(확인)합니다.

1998년 3월 17일

신고(확인)인 김 성 종 (인)

서울동부 지방노동(청 · 사무소)장 귀하

㉔지방노동관서에서 구직자를 알선해 드리니 인력채용계획이 있으면 채용직종 및 인원을 기재하여 주십시오.

	직 종		수 수 료
	인 원		없 음

※ 표시란은 기입하지 않습니다.

※ 처 리	상 실 여 부	1. 상실 2. 미상실	미상실사유			
	상실(이직)사유				※ 이직유형판단	A. B. C. D. E
	피보험단위기간	개월	평 균 임 금			원
	기타처리내용					

※ 접 수	번 호		※ 결 재	담 당		과 장		청 (소) 장		결재연월일
	일 자	. .								

※ 실업급여 신청을 희망하지 않는 자는 진한부분을 기재하지 않아도 되며, 실업급여 신청을 희망하지 않는 자가 다수인 경우에는 "⑥~⑪, ㉓"만을 별지로 작성하여 첨부할 수 있습니다.

32325-11511민
97. 3. 21. 승인

210mm×297mm
(일반용지 60g/m²)

◆ 피보험자자격상실신고서 및 이직확인서 작성방법

보통 「이직확인서」는 「자격상실신고서」에 통합 기재해 사업장 소재지 관할 지방노동관서에 내야 한다.

◆ 이직확인서의 이직사유 기재요령

이직확인서를 늦게 제출하거나 이직사유를 부정확하게 기재할 경우 또는 근로자가 불이익을 받고 허위기재할 경우 부정행위로 간주되므로 I26~I30쪽의 예와 분류표를 참고하여 정확하게 기재해야 한다.

◆ 피보험단위기간 및 산정대상기간 기재요령

이직일로부터 각월의 이직해당일의 다음날까지 한달 단위로 소급해 피보험단위기간이 I2개월이 될 때까지 기재한다. 단 고용보험법 개정(법률 제55I4호)에 따라 98년 3월 I일부터 99년 6월 30일 사이에 이직한 사람에 대해서는 피보험단위기간이 6개월이 될 때까지 기재한다.

피보험단위기간은 I개월 단위로 기재된 기간 중 임금지급기초일수가 I5일 이상이면 I개월로 산정하고 I5일 미만이면 그 기간 전체를 피보험단위기간으로 산정하지 않는다.

문의 노동부 실업급여과 ☎ 02-502-663I~2

이직확인서의 이직사유 기재요령

예 1 자영업을 하기 위해 이직하는 경우

⑪ 상실(이직) 사유			(구체적 사유)
구 분	Ⅰ	Ⅰ	자영업(음식점) 개시를 위해

예 2 본인의 잘못으로 이직하는 경우

⑪ 상실(이직) 사유			(구체적 사유)
구 분	Ⅰ	4	회사 원료를 불법반출하여 취업규칙·단체협약에 의한 징계해고

분류표

Ⅰ. 개인사정에 의한 이직	Ⅱ. 전직·자영업
	Ⅰ2. 결혼·출산·육아·가사 등
	Ⅰ3. 질병·부상 등
	Ⅰ4. 징계해고
	Ⅰ5. 회사이전 등 근로조건변동
	Ⅰ6. 학업·군복무 기타
2. 회사사정에 의한 이직	2Ⅰ. 사업주 권유
	22. 폐업·도산
	23. 정리해고(근기법 제3Ⅰ조 해당)
3. 정년 등 기간만료에 의한 이직	3Ⅰ. 정년
	32. 계약기간 만료
4. 기타	4Ⅰ. 고용보험비 적용
	42. 기타

대분류	중분류	내 용 설 명
I. 개인사 정에 의한 이직	11. 전직·자영업 등 전직을 위 한 이직	① 임금이 낮거나 장래성이 없어서, 적성·기능·지식 등이 맞지 않는 등 개인적인 사유로 다른 직장으로 옮기기 위해 이직한 경우 ─신기술·신기계 등이 도입되어 본인의 적성·기능·지식 등으로는 적응이 어려워 이직하는 경우는 「15」로 기재 ② 자기사업이나 가족사업 등을 하기 위하여 이직한 경우
	12. 결혼·출산· 육아·가사 등에 의한 이 직	① 본인의 결혼·출산·육아를 이유로 이직한 경우 ─피보험자 본인의 경우외 자녀의 결혼, 손자의 육아 등 이유로 이직한 경우를 포함한다. ② 가족과의 동거를 위한 주소이전, 노약자 간호 등 가정사정의 변화를 이유로 이직하는 경우 ③ 자녀교육 등의 이유로 이직하는 경우
	13. 질병·부상 등 건강사정 에 의한 경우	① 본인의 질병·부상 등으로 인해 부여된 업무를 수행하는 것이 불가능 또는 곤란하게 되어 이직하는 경우 ─단, 동거친족 등의 부상·질병으로 이의 간호를 위해 이직하는 경우는 「12」로 기재 ② 본인이 외형적인 질병·부상까지는 아니나 주관적으로 체력의 부족, 시력·청력·촉각의 감퇴 등 본인의 건강이 쇠퇴하여 업무수행이 어렵다고 생각되어 이직하는 경우 ③ 고연령 등으로 업무수행이 곤란하다고 판단되어 사직한 경우

대분류	중분류	내 용 설 명
	14. 징계해고	① 취업규칙·단체협약 등 사규위반으로 사내 인사위원회 등에서 징계해고된 경우 ② 형법 또는 직무와 관련된 법률을 위반하거나 노동관계법 등을 위반한 불법쟁의행위로 인하여 해고된 경우 ③ 징계해고의 사유가 있음에도 불구하고 해고의 형식을 취하지 않고 사업주의 권유 등에 의하여 임의퇴직 형식을 취하는 경우
	15. 회사이전 등 근로조건 변동에 의한 이직	① 사업장이 다른 곳으로 이전되어 출퇴근이 곤란하여 이직하는 경우 ② 사업장 이전은 없으나 사업주로부터 사회통념상 타당성이 있는 전근명령, 보직변경 등을 받아 통근이 불가능하다는 등의 판단하에 스스로 이직하는 경우 －다만, 사회통념상 타당성 없는 전근명령, 보직변경 등에 따라 사직하는 경우는 「21」로 기재 ③ 채용시 사업주가 제시한 임금·근로조건 등이 현저히 낮아지게 되어 이직하는 경우 ④ 임금이 일정기간 체불되었거나 지연지급 등이 계속되어 이직하는 경우 ⑤ 대량의 감원이 예상되어 스스로 이직하는 경우 －단, 대량감원이 확정되어 사업주의 권유에 따라 이직하는 경우는 「21」에 해당함
	16. 학업·군복무·기타 사유에 의한 이직	① 본인의 계속적인 학업을 위하여 이직하는 경우 ② 자격시험준비 등 시험대비 등을 위하여 이직하는 경우 ③ 군입대 등 병역문제와 관련하여 휴직하지 아니하고 이직하는 경우 ④ 기타 개인사정으로 이직하는 경우

대분류	중분류	내 용 설 명
2. 회사사 정에 의한 이직	21. 사업주 권유에 의한 이직	① 기업구조조정 등 경영상필요에 의한 인원정리로 인하여 사업주가 희망퇴직자를 모집하여 이에 응한 경우 ② 업무수행능력, 영업실적부진 등을 이유로 사업주가 퇴직을 권유하여 이에 응한 경우 ㅡ단, 징계해고사유가 있는 경우 징계해고치 않고 권유에 의해 이직하는 경우는 「14」에 해당 ③ 기업경영상 필요에 의하여 법정금품의 퇴직위로금 등 금품을 받고 권유에 의해 이직하는 경우(실질적으로 피보험자의 개인사정에 의한 임의퇴직으로서, 퇴직위로금 등을 받기 위해 권유퇴직의 형식을 취하는 경우는 제외한다) ④ 기타 경영상 필요에 의하여 이직토록 하는 경우
	22. 폐업·도산 등으로 이직	① 사업장이 도산·폐업한 경우 ② 사업장이 파산·청산절차개시의 신청 등 법률상 도산절차가 이루어짐으로써 이직하는 경우 ③ 부도어음이 발생하여 금융기관과의 거래가 정지되는 등 도산이 거의 확실시 되어 이직하는 경우 ④ 사실상 당해 사업장과 관련된 사업활동이 정지되어 재개될 전망이 없어 이직하는 경우 ⑤ 천재·기타 부득이한 사유 등으로 사업의 계속이 불가능하게 된 경우(예를 들면 사업소가 전소된 경우) ⑥ 휴업이 계속되어 이직하는 경우

대분류	중분류	내 용 설 명
	23. 정리해고	① 근로기준법 제31조에 의해 해고를 회피하기 위한 노력을 다하고, 합리적이고 공정한 해고기준을 설정하여 대상자를 선발하여 사전에 노동조합 또는 근로자대표와 사전에 성실하게 협의하여 행한 해고
3. 정년 등 기간만료에 의한 이직	31. 정년	① 취업규칙·단체협약 등에 의한 정년에 해당되어 퇴직한 경우
	32. 계약기간 만료	① 확정기한이 있는 근로계약이 기간만료에 의하여 종료된 경우(예를 들면 3개월 계약의 임시공) －단, 단기간의 계약기간을 정하여 반복갱신하는 것을 일반적인 형태로 하는 경우에는 그 계약의 갱신이 중단될 것이 명백한 경우를 제외하고는 계약기간의 정함이 없는 것으로 취급하고 이직시의 사정을 보아 이직사유를 분류 ② 「공사종료시까지」라고 하는 것 같은 불확정기한으로 된 근로계약이 공사종료에 의하여 종료된 경우 ③ 조건부계약이 조건의 성취에 의하여 종료된 경우
4. 기타	41. 고용보험 비적용	① 고용보험법 제8조에 해당되어 자격이 상실되는 자의 경우 ㉮ 65세 이상인 자 ㉯ 시간제 근로자 ㉰ 일용근로자 ㉱ 계절적 또는 일시적 사업에 고용된 자 ② 임의가입의 승인(의제가입 포함)을 받아 임의적용사업에 고용되어 있던 피보험자에 대하여 보험관계의 해지승인을 받은 경우 ③ 당연적용사업에 고용되어 있던 피보험자가 당해사업의 규모축소로 인해 보험관계가 해지승인을 받은 경우
	42. 기타	① 기타 위의 사유에 해당하지 않는 이유로 이직한 경우

23

권고사직 당해도 실업급여 받는다

이제 회사의 경영사정이 나빠져 권고사직을 당하는 일이 자주 벌어지는 시대가 됐다.

물론 당사자로선 승복하기 어렵지만 한번 정리대상이 되면 좀처럼 피할 수 없는 것이 바로 권고사직이다.

이럴 경우 실업급여를 받을 수 있을까.

결론적으로 받을 수 있다.

실업급여는 주로 경영사정에 의한 정리해고와 고용조정의 하나로 타의에 따라 그만두는 경우에 받게 된다. 그러나 때로는 자발적으로 이직했더라도 수급자격이 인정된다. 대표적인 것이 바로 회사의 경영사정이 악화돼 권고사직을 당한 경우다. 형식상 자발적 이직이지만 실질적으로는 비자발적 이직으로 간주되기 때문에 실업급여의 대상으로 인정되는 것이다.

❖ 구체적인 사례는 다음과 같다

- 임금이 2개월 이상 체불돼 이직하는 경우
- 사업장의 도산·폐업이 확실하거나 대량감원이 예정돼 있어 이직하는 경우
- 통근이 곤란한 사업장으로 전근된 경우
- 정리해고의 전단계인 인원감축, 일시적인 인사적체의 해소, 기타 경영 합리화 등 기업의 방침에 따라 퇴직을 권고받아 이직하는 경우
- 신기술 또는 신기계가 도입돼 본인의 지식·기술로는 적응이 불가능해 이직하는 경우
- 체력의 부족, 심신장애 부상 등으로 업무수행이 불가능해 이직하는 경우

위의 사례에 해당될 경우에는 비록 본인이 사직서를 제출하고 이를 수리하는 형식의 퇴직절차를 밟았더라도 비자발적 이직에 해당돼 실업급여를 받을 수 있다.

문의 노동부 실업급여과 ☎ 02-502-6631~2

명예퇴직자도 실업급여 받을 수 있다

퇴직금 외에 상당액의 가산금 또는 위로금을 받고 회사를 떠나는 명퇴자들은 대량실업시대에선 그나마 행운아들이다.

한쪽에서는 퇴직금도 제대로 못받고 직장에서 밀려나는 사람이 쏟아져 나오고 있기 때문이다.

당연히 이들에게까지 실업급여를 굳이 주어야 하느냐는 비판론도 대두되고 있다. 그러나 노동부는 고용조정의 일환으로 이뤄지는 명예퇴직은 수급자격이 있는 것으로 본다는 입장이다.

❖ 실업급여를 받을 수 있는 명예퇴직의 기준

- 생산설비 자동화 · 교체 · 이전으로 인한 경우
- 사업규모 축소 · 조정으로 인한 경우
- 재고증가 · 제품가격 하락 · 판매부진 등 경영사정 악화로 인한 경우
- 불가피한 고용조정 등의 이유로 인한 경우

❖ 실업급여 지급대상이 되는 명예퇴직의 방법과 절차

- 인사상 불이익을 내세워 강압적으로 희망퇴직자를 모집한 경우
- 공개된 고용조정계획에 따라 희망퇴직자를 모집한 경우
- 사업주가 일방적으로 퇴직대상자를 선정한 경우
- 사업주가 압력 · 권고를 통해 희망퇴직자를 모집한 경우

그러나 단체협약 · 취업규칙 등에 명예퇴직의 구체적인 요건 · 절차 · 보상기준 등이 규정돼 있고 회사측이 이에 따라 정기적 · 관례적으로 명예퇴직을 실시한 경우에는 수급자격이 없다.

또 명예퇴직의 사유가 회사 경영사정의 악화에 해당되

더라도 다음의 경우에는 실업급여를 받을 수 없다.

- 회사측이 선정한 대상자가 아닌데도 본인이 신청해 퇴직한 경우
- 가사 · 출산 · 자영업 · 학업 · 예정된 이민 등으로 근로 의사와 능력이 없어 이직한 경우

참고로 97년 한해 동안 실업급여를 신청한 5만 1천 17명 중 1만 6천 1백 57명(31.7%)이 명예퇴직 형태로 이뤄진 권고사직자였다. 그밖에는 다음과 같은 이유였다.

- 도산 · 폐업 1만 4천 90명(27.6%)
- 정리해고 5천 8백 95명(11.6%)
- 정년퇴직 5천 5백 39명(10.9%)
- 기타 9천 3백 36명(18.3%)

문의 노동부 실업급여과 ☎ 02-502-6631~2

건강과 의료 문제는 이렇게 해결하자

실직 후 1년은 보험료 절반만 내고
직장의보 계속 가입할 수 있다

실직 후 1년간은 직장의료보험에 계속 가입할 수 있다. 이 경우에 보험료의 50%를 직장의료보험조합에서 대신 내주는 혜택도 받게 된다.

보건복지부가 98년 3월 의료보험법을 개정해 마련한 이 제도는 3월 1일부터 소급해서 시행되고 있다.

다만 경영상 이유로 정리해고 되거나 폐업·도산에 의한 실직자로서 지방노동관서에 구직등록이 된 사람이어야 한다.

자발적 실업자는 당연히 배제된다. 명예퇴직자의 경우 본인의 희망에 따라 자발적으로 퇴직한 것으로 보아야 하므로 감면대상에서 제외된다. 무급휴직자의 경우 고용관계가 종료된 것이 아니므로 감면대상에서 제외된다.

98년 한해 동안 70만명이 한달 평균 보험료 3만2천

임 의 계 속 피 보 험 자 적 용 신 청 서

피보험자 성명		주민등록번호	
의료보험증번호			
주 소		(전화번호 :)	
퇴직전 사업장 명 칭		퇴직전 사업장 소 재 지	
퇴 직 사 유			
퇴직전 사업장 재 직 기 간		계 속 적 용 신 청 기 간	
* 퇴직월을 제외한 전 2월간 평균 보험료			
* 보험료 총액		납 부 방 법	일시납부( ), 분할납부( )
* 보험료 경감 대 상 여 부	대 상 ( ) 비 대 상 ( )		

의료보험법제8조의 규정에 의하여 위와 같이 임의계속피보험자 적용을 신청
합니다.

1998.   .   .

신청인   (서명 또는 인)

○○의료보험조합 대표이사 귀하

참고
 	
사항
	- 임의계속피보험자 적용신청은 직장피보험자 자격을 상실한 날(퇴직일의
	  다음날)부터 14일이내에 소속 의료보험조합에 신청하여야 합니다.
	- 보험료는 계속적용 신청기간분의 보험료를 일시납부하거나 분할납
	  부할 경우에는 3개월분을 선납하여야 합니다.
	- 보험료 경감대상자 첨부서류
	  ·구직등록신청수리증명서(지방노동관서장 발행) 1부.
	- *란은 조합이 기재함

5백 90의 절반인 1만 6천 26백 95원을 12개월 동안 지원받게 되므로 총 수혜액은 1천 3백 69억원이 될 전망이다.

참고로 97년 월평균 본인부담보험료는 직장조합 가입자가 1만 6천 2백 95원, 도시지역가입자가 2만 2천 8백 4원, 농어촌이 2만 6백 53원이었다.

직장의료보험조합 가입자는 월소득의 1.5%를 보험료로 낸다. 반면에 지역의료보험조합 가입자는 소득뿐만 아니라 재산, 자동차 보유 여부에 따라 보험료가 결정된다.

따라서 재산이 많고 다니던 직장의 월급이 적었던 사람은 직장의료보험조합에 계속 가입하는 것이 상대적으로 혜택의 폭이 더 크다.

그러나 재산은 적고 월급이 상대적으로 많았던 사람은 지역의료보험조합에 가입하는 것이 유리할 수 있으므로 사전에 잘 따져보아야 한다.

◆ 신청절차

계속해서 직장조합의 피보험자가 되고자 할 경우에는 실직된 날로부터 14일 이내에 종전 직장조합에 「임의계속피보험자 적용신청서」를 제출하면 된다. 이때 노동부 지방노동관서의 구직등록 확인서도 조합에 제출해야 한다.

직장조합은 해당사업장 또는 지방노동관서에 신청 요건을 갖춘 실직자인지 여부를 조회해 확인한 뒤 적용신청서를 수리하게 된다.

문의 의료보험연합회 민원상담실 ☎02-705-6479,
02-705-6198~9

실직한 지 1년 되면 직장의보에서
지역의보로 옮겨야 한다

퇴직 후 1년간은 원할 경우 직장의료보험조합에 계속 가입할 수 있지만 그 이후에도 직장을 구하지 못했다면 지역의료보험조합에 가입해야 한다.

물론 퇴직 후 직장의료보험조합에 가입하지 않고 곧바로 지역조합에 가입하겠다면 그것도 가능하다.

우리나라의 의료보험제도는 국가가 사회보험방식으로 운영하고 있어 임의보험인 사보험과는 달리 의무적으로 가입해야 한다.

이에 따라 만약 직장을 퇴직한 뒤 지역의료보험에 신고를 늦게 하거나 기피할 경우 상당한 불이익을 받게 된다. 신고기한은 지역조합원 자격을 취득한 날로부터 14일 이내이다. 보험료는 신고를 지연한 날부터 계산해서 내야 하지만 보험급여 혜택은 신고하는 날로부터 받기 때문에 본

지역 피보험자 자격 취득신고서

처리기한 14일 이내

접 수		담 당	대 리	과 장	부 장	대표이사
자소담당	결					전 결

세대구성
- 세대전체 □
- 세대일부 □
- 별도세대구성 □

세대원수

보험증번호			주민등록번호			전화번호

최초취득일 년 월 일

세대주
- 성 명
- 주 소

세대주와의 관 계	성 명	생년월일	주민등록번호	자격취득일	취득사유	종전의보 조합기호	년간소득(만원) 사업 영 연금 신고 고 전세 물 토 지 전세	계산과표(만원) 공제후 전체금 등급	자동차 전체금 등급 대수	비 고
피										
보										
험										
자										

보 험 료	원	기본보험료 :	소득비례 :	재산비례 :	기타 :

특 기 사 항

의료보험법 시행규칙 제5조의 규정에 의하여 위와 같이 신고합니다.

199 년 월 일

신고인(세대주)   (인)

김포시의료보험조합 대표이사 귀하

구분	확 인 내 역	유 무	공부대조필
지	자격확인서 발급		
소	증 회 수		
계	회수증발급일자		
리	징수결의 일		
	영 수		
	증 발 급		

인과 가족이 모두 손해를 보게 된다.

지역조합원이 되기 위해서는 주민등록지 관할 의료보험 조합에 신고하면 된다.

신고는 세대주가 해야 하며 지역조합에 비치돼 있는 「지역피보험자 자격취득신고서」를 작성, 제출하면 된다. 직장조합에서 발행한 자격상실확인서 1부와 주민등록등본 1부도 함께 제출해야 한다.

주소와 전화번호를 정확히 기재해야 함은 물론이다.

문의 의료보험연합회 민원상담실 ☎ 02-705-6479, 02-705-6198~9

의료보험료 적게 낼 수 있다

지역의료보험 가입자는 약간만 수고하면 보험료를 경감받을 수도 있다.

지역의료보험료는 국세청에서 통보되는 전년도 종합소득 (이자·배당·부동산·사업소득 등), 건물·토지(전년도 재산세 과세표준금액 기준) 등 재산, 자동차(전년도 하반기 자동차세 과세자료) 등을 기초로 매년초에 확정된다.

월보험료=기본보험료(세대당+피보험자당)+소득비례보험료+ 재산비례보험료+자동차보험료인 것이다.

따라서 보험료 확정의 기초가 되는 요인에 변동이 생기면 즉시 의료보험조합에 알려야 한다. 조정된 보험료는 신청한 달의 다음달부터 적용된다.

종합소득이 변경됐으면 폐업·휴업증명원, 건물·토지는 등기부 등본, 자동차는 자동차등록원부(차량등록사업소

발행), 기타 재산은 전월세계약서 등을 근거서류로 제출하면 된다.

소득과 재산, 자동차가 없으며 전(월)세 환산가액이 5백만원이 안되는 단독세대 중 만 18세 미만의 미성년자와 만 65세 이상의 남자(60세 이상의 여자)는 주민등록등본을 제출하면 소득분 보험료 월 5천원을 경감받을 수 있다.

같은 조건의 심신장애·폐질환자는 장애자수첩·진단서, 재학중인 단독세대 대학생(대학원 제외)은 학생증과 재학증명서를 내면 마찬가지로 경감혜택을 받을 수 있다.

문의 의료보험연합회 민원상담실 ☎02-705-6479, 02-705-6198~9

성인병 검진, 의료보험에서 2년마다 무료로 받을 수 있다

의료보험가입자 중 만 40세 이상인 사람은 2년에 한번 씩 성인병 검진을 무료로 받을 수 있다.

짝수 해인 98년의 경우는 58년 12월 31일 이전 출생자 중 짝수년도 출생자가 대상이 된다. 홀수 해인 99년에는 홀수년도 출생자가 검진을 받을 수 있다.

종전에는 모든 대상자에게 조합에서 검진신청 안내문과 검진의뢰서·문진표 등을 발송했지만 98년부터는 신청방법을 안내하는 엽서만을 보내주고 있다.

따라서 의료보험조합에 전화를 걸어 접수하는 절차를 밟아야 일주일 후 우편으로 검진에 필요한 검진의뢰서와 문진표 등 일체의 서류를 받을 수 있다. 물론 직접 방문하면 그 자리에서 서류를 받을 수 있다. 이때 검진을 받을 수 있는 기한도 통보된다.

절차가 달라진 것은 당사자들의 관심 부족으로 검진율이 매년 25~30% 선에 그치고 있어 대상자 전원에게 모든 서류를 다 보내주는 것은 예산낭비라는 지적이 나왔기 때문이다.

검진 받을 수 있는 의료기관은 의료보험증에 기재된 중진료권내의 지정검진기관이며 구강검사는 중진료권내의 모든 치과의료기관이 된다.

검진항목은 아래와 같다.

- 진찰 및 상담
- 기능검사
- 흉부방사선검사
- 요검사
- 혈액검사
- 부인과적 세포학적 검사(자궁경부암 검사)

자세한 것은 〈표 1〉을 참조하기 바란다.

1차 검사 결과 폐결핵·고혈압·고지혈·간장질환·빈혈·당뇨질환 의심자에 대해서는 1차 검진기관에서 2차 무료검진도 실시한다.

검진결과는 밀봉해서 조합에서 우송해주며 구강검사 결과는 검진 즉시 검진기관에서 바로 내준다.

구 분	검 진 종 목	관 련 질 환
진찰 및 상담	진찰(시진, 청진, 문진, 촉진) 체위검사(신장, 체중, 비만도, 시력, 청력, 혈압)	각종 질환의 진찰 및 기초검사
기 능 검 사	심전도 검사(EKG)	고혈압, 고지혈, 심근경색 등
흉부방사선검사	방사선 간접촬영	폐결핵, 폐암 등 흉부질환
요 검 사	요당, 요단백, 요잠혈, 요 pH	신장질환 및 당뇨질환
혈 액 검 사	혈색소, 백혈구수	빈혈 등
	혈청GOT, 혈청GPT 감마지티피	간장질환
	총콜레스테롤	고혈압, 동맥경화, 고지혈증
	혈당	당뇨질환
부 인 과 적 세포학적검사	부인과적 세포학적 검사	자궁경부암 및 부인과질환

〈표 1〉 1차 검진 항목

　　전년도에 다른 의료보험조합에서 성인병검진을 받았거나 당해년도에 자비부담 또는 다른 법령에 의해 성인병 검진 수준이상의 검진을 받았거나 받게 될 사람은 무료검진을 받을 수 없다.

검진받기 전날 오후 9시부터 검진받을 때까지는 공복상태를 유지해야 한다.

검진의뢰서를 발급받은 이후 의료보험자격을 상실했더라도 검진이 가능하며 보험료가 체납된 사람도 검진받을 수 있다.

검진의뢰서를 분실·훼손했거나 검진기간이 초과됐을 경우에는 조합에 다시 신청해 재발급받아야 한다.

여성수검자는 생리중에는 검사를 피해야 하며 부인과 검진 하루 전날에는 부부관계 또는 질내의 세척을 피해야 한다.

검진종합판정결과 「질환의심」으로 판명됐다면 검진결과가 기재된 「성인병 검진결과 통보서」(이를 진료의뢰서로 간주함)를 가지고 3차 요양기관에서 의료보험으로 치료받을 수 있다.

성인병 검진과 관련해 조합직원을 사칭, 검진시 별도혜택(종합검진수준의 추가검진실시 등)을 받을 수 있게 해주겠다며 금품을 요구하는 사례가 있으니 주의해야 한다.

문의 의료보험연합회 민원상담실 ☎ 02-705-6479,
02-705-6198~9

29

의료보험 적용 안되는 진료 조심하라

당연한 얘기지만 의료보험은 만능이 아니다. 보험이 적용되지 않는 이른바 비급여 대상 진료를 받으면 진료비 전액을 본인이 부담해야 한다.

따라서 의료보험증만을 믿고 병원을 찾아 갔다가는 낭패하기 십상이다. 예컨대 단순한 피로나 권태증세에는 의료보험이 적용되지 않는다.

또한 주근깨·점·사마귀·다모·무모·백모증·여드름·주사비(딸기코) 등 업무 또는 일상생활에 지장이 없는 피부질환도 마찬가지다.

쌍꺼풀 수술, 코 성형수술 등 미용을 목적으로 하는 성형수술과 그로 인한 후유증도 보험이 적용되지 않는다.

마약중독증·향정신성의약품 중독증, 질병을 동반하지 않은 포경수술, 예방접종(파상풍혈청주사 등 치료목적으로 이뤄지는 예방주사는 제외), 본인의 희망에 따른 임의 건강진단, 친자확인을 위한 진단도 보험항목에서 제외돼 있다.

보조기·보청기·의수족·의안·콘택트렌즈의 재료비도 보험이 적용되지 않는다. 다만 등록장애인에 대해 장관이 별도로 정하는 보장구는 예외다.

입원기간중의 식대·상급병실료 차액, 레이저·자기공명영상(MRI), 초음파검사비 등도 전액 본인이 부담해야 한다.

문의 의료보험연합회 민원상담실 ☎ 02-705-6479, 02-705-6198~9

하늘이 무너져도 솟아날 구멍은 있다
—— 응급의료비 대불제

가족 중의 한 사람이 불의의 사고를 당해 병원에 가서 응급처치를 받아야 하는데 수중에 돈이 한푼도 없을 경우가 있을 수 있다. 또 본인 자신이 아무의 도움도 받을 수 없는 상태에서 큰 사고를 겪을 수도 있다.

우선 눈앞이 캄캄할 것이다. 그리고 병원 원무과 직원이나 응급실 근무 의료진이 이런저런 이유를 대며 진료를 거부하는 장면을 떠올리는 분들도 있을 것이다.

그러나 하늘이 무너져도 솟아날 구멍은 있다. 이렇게 절박한 처지에 놓인 사람들을 돕기 위한 응급의료비 대불제라는 좋은 제도가 있기 때문이다.

이 제도는 진료비가 없는 응급환자가 적절한 치료를 받지 못해 목숨을 잃는 사태를 막기 위해 95년 도입됐다.

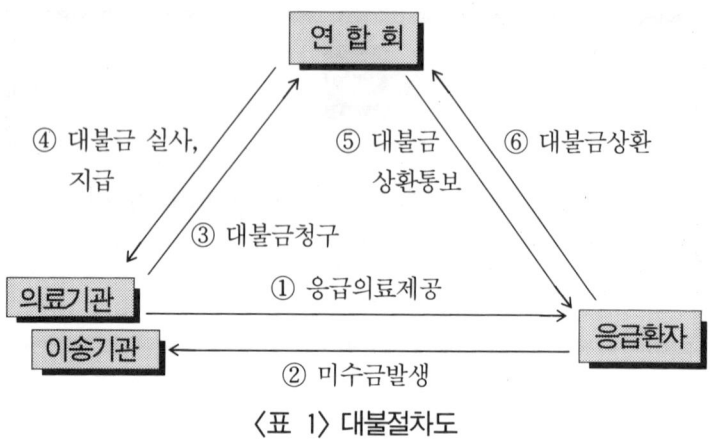

〈표 1〉 대불절차도

사정이 어려운 환자가 찾아오면 의료기관은 일체의 수속절차를 생략하고 치료를 마친 뒤 의료보험연합회에 치료비를 청구하도록 하고 있다. 증상이 완화되지 않아 응급진료기간이 길어질 경우에는 최대 15일까지의 치료비를 청구할 수 있다.

그러면 의보연합회는 의료기관에 치료비를 대신 지불해 주고 환자에게 치료비를 되돌려 받는다.

그러나 환자 대부분이 극빈계층이거나 행려병자여서 환수율은 10%에도 미치지 못하고 있는 실정. 또 청구액의 80%에 해당하는 금액만을 대불해 주기 때문에 의료기관의 입장에서 기피요인이 있는 것도 사실이다.

결국 의보연합회나 의료기관에서는 부담스런 제도로 여기고 있다. 그럼에도 불구하고 한 사람의 생명이라도 더

살리기 위해 이 제도를 운영하고 있는 것이다.

대불을 위한 재원은 국고보조금과 의료보험연합회 자체 예산으로 조성돼 현재 30억원의 기금이 마련돼 있다.

시행 첫해인 95년에는 의료비 대불신청건수가 6건에 대불금이 1백 92만원, 96년 36건 3천 3백 37만원, 97년 86건 1억 1천 4백만원 등 3년간 1백 28건 1억 5천만원으로 집계됐다.

의보연합회는 매년 신청건수가 크게 늘고 있어 98년의 경우 2백건이 넘고 대불금액도 4억원을 돌파할 것으로 전망하고 있다.

문의 의료보험연합회 민원상담실 ☎ 02-705-6479,
02-705-6198~9

의료보험서 주는 장례비 30만원,
아는 사람만 받고 있다

의료보험의 부가급여 중에는 장제비(장례보조비)가 있다. 지역조합이든, 직장조합이든 의료보험에 가입한 사람은 피보험자나 피부양자가 사망할 경우 장제비를 받을 권리가 있다.

하지만 많은 사람이 이를 알지 못해 제대로 받지 못하고 있다.

모든 가입자에게 적용되므로 실직여부를 떠나서 반드시 챙겨야 할 급여제도다.

중요한 것은 사망일로부터 2년이 지나면 청구할 수 없다는 사실이다. 또 사망자의 가족이 직접 의료보험조합에 청구해야 하기 때문에 신청요령을 잘 알고 있어야 한다.

장제비 지급액은 조합마다 약간씩 다르다. 공무원·사립학교 교직원과 직장인들은 피보험자 사망의 경우 30만원,

결	담 당	대 리	과 장	부 장	대표이사
재					

장 제 비 지 급 신 청 서

피 보 험 자	성 명		주민등록번호	-	자택번호	
	주 소			의료보험증번호		-

사 망 자	성 명		주민등록번호		-	
	사 망 일 자	19 . .	사 망 장 소			
	사 망 원 인					

장 제 비 지 급 금 액		지 급 일 자	19 . .
지급금융기관 및 지점명		예금계좌번호		예금주	

의료보험 시행규칙 제25조2항의 규정에 의거 위와 같이 장제비를 신청 합니다.

19   .   .   .

접수일자	
접수번호	제 호

회 사 명 :

신 청 인 :   (인)

대표이사 :   (인)

서울제4지구의료보험조합 대표이사 귀하

구 비 서 류 : 사망 진단서 또는 주민등록등본(호적등본)1부.

* 아래 사항은 장제비 지급 신청서에 해당되지 않습니다.

1. 업무상 재해로 사망 하였을 때.

2. 다른 법령에 의하여 장제비를 지급받았거나 지급받을 수 있을 때.

3. 사산일때

4. 국가 또는 지방 공공단체로부터 장례를 치를 경우

5. 피보험자 및 피부양자의 자격이 없다고 조합에서 인정된 때.

31. 의료보험서 주는 장례비 30만원, 아는 사람만 받고 있다 *157*

피부양자의 경우 20만원이다. 도시지역과 농어촌지역조합에서는 조합별 정관에 따라 5~30만원의 장제비를 지급하고 있다.

장제비를 받으려면 조합에 비치된 「장제비 지급신청서」를 작성, 조합에 제출하면 된다. 읍·면·동사무소 중에는 장제비신청과 관련한 업무를 대행해주는 곳도 있다.

- 사망진단서 또는 사망을 인정할 수 있는 서류(예컨대 두 사람 이상의 인우보증서) 1부
- 지역의료보험증 사본
- 단독세대주 사망시 사망자와의 관계를 입증하는 서류 1부
- 신청자의 예금통장 사본 1부

그리고 위의 서류도 함께 첨부해야 한다.

사망자가 무연고자일 경우 장제를 행한 사실을 증명하는 매·화장신고서를, 교통사고 사망시에는 사고 접수 경찰서에서 발급한 교통사고 사실 확인원을 첨부해야 한다.

교통사고·산재 등으로 가해자로부터 장제비 명목을 포함해 보상 또는 손해배상을 받은 경우에는 지급되지 않는다.

문의 의료보험연합회 민원상담실 ☎02-705-6479, 02-705-6198~9

이런 병원에 가면
실직자에게 진료비 깎아 준다

실직자들에게 의료비를 감면해주는 고마운 의료기관이
상당수 있다.

일반 병·의원뿐만 아니라 보건소·산재의료관리원 등
도 실직자들에게 인술을 베풀고 있으므로 필요할 경우 적
절하게 활용하면 큰 힘이 될 수 있다.

◆ 병·의원

인도주의실천의사협의회가 진료비를 50% 정도 감면해
주는 것으로 파악한 의료기관만도 1백50곳이나 된다. 인
도주의실천의사협의회에 전화하면 질환과 지역에 맞는 적
절한 병·의원을 소개받을 수 있다.

부산과 **경남 지역**은 ☎051-466-4602에서 안내하고 **서울**

을 비롯한 **여타 지역**은 ☎02-3147-1490에서 안내한다.

◈ 보건소

서울 구로구·동대문구 보건소를 비롯한 상당수 보건소가 실직자와 가족들을 대상으로 1차진료와 치과에 한해 본인부담금 면제혜택을 주고 있다. 보건소 진료시 본인부담금은 1~3일 방문시는 하루에 1천1백원, 4~6일 방문시에는 1천3백원이다.

보건소에 갈 때는 의료보험카드 외에 고용보험수급자격증을 반드시 가지고 가야 하며 실업급여 수급기간이 지나면 면제혜택을 받을 수 없다.

자신이 살고 있는 곳의 보건소가 실직자 의료비 감면제도를 실시하는지는 직접 전화를 걸어 확인해 보면 된다.

◈ 산재의료관리원

실직자와 가족들이 관리원 산하 9개 산재병원을 이용할 경우 의료비 중 20%를 할인해 준다.

문의 ☎02-637-2011

세번째 글

국민연금 120% 활용하기

다섯 가지나 되는 노령연금,
언제 어떻게 받나

국민연금 가입자는 노령연금 · 장해연금 · 유족연금 · 반환일시금 · 사망일시금 · 미지급급여 등 다양한 형태의 급여를 받을 수 있다.

노령연금만 하더라도 완전노령연금, 감액노령연금, 조기노령연금, 재직자노령연금, 특례노령연금 등 종류가 5가지나 된다. 다음 쪽의 표를 참고하기 바란다.

그러나 실제로 급여의 내용에 대해 충분히 알고 있는 사람은 드물다. 실제 상황에 부딪혀 각 제도를 활용하다보면 국민연금제도에 관한 한 **정보 = 돈**이라는 등식이 성립한다는 판단에 이르게 될 것이다.

노령연금의 수급요건

구분	수 급 요 건	가입기간, 연령 등	급 여 수 준
완노연 전령금	가입기간 20년 이상, 60세에 달한 자로 소득이 있는 업무에 종사하지 않는 자	가입기간 20년 이상	기본연금액 100% + 가급연금액
감노연 액령금	가입기간 15년 이상, 20년 미만인 자로 60세에 달한 자	가입기간 15년 / 16년 / 17년 / 18년 / 19년	기본연금액 72.5% + 가급연금액 기본연금액 77.5% + 가급연금액 기본연금액 82.5% + 가급연금액 기본연금액 87.5% + 가급연금액 기본연금액 92.5% + 가급연금액
조노연 기령금	가입기간 20년 이상, 연령 55세 이상인 자가 60세 도달전에 연금수급을 원하는 경우로 소득이 있는 업무에 종사하지 아니한 자	수급개시연령 55세부터 / 56세부터 / 57세부터 / 58세부터 / 59세부터	기본연금액 75% + 가급연금액 기본연금액 80% + 가급연금액 기본연금액 85% + 가급연금액 기본연금액 90% + 가급연금액 기본연금액 95% + 가급연금액
재직자 노령연금	가입기간 20년 이상, 60세에 달한 자로 소득이 있는 업무에 종사하는 경우	수급개시연령 60세 / 61세 / 62세 / 63세 / 64세	기본연금액 50% (가급연금은 해당없음) 기본연금액 60% 기본연금액 70% 기본연금액 80% 기본연금액 90%
특노연 례령금	가입기간 5년 이상, 60세에 달한 자 ※ 88. 1. 1. 현재 45세 이상 60세 미만인 자만 해당	가입기간 5년 ~ 14년	(가입기간 5년의 경우) 기본연금액 25% + 가급연금액 ※ 가입기간 1년 증가시 마다 기본연금액의 5%씩 증가

노령연금의 급여수준   (단위 : 원/월)

소득월액 \ 가입기간	5년	15년	20년	30년
220,000	70,100	187,470	220,000	220,000
790,000	91,470	249,450	340,920	507,210
1,660,000	124,100	344,070	471,420	702,960
3,080,000	177,350	498,490	684,420	1,022,460

(97년 4월 현재가치 기준이며 가급연금액은 배우자로 한정)

❖ 완전노령연금

　가입기간이 20년 이상이고 60세에 달한 사람으로 소득이 없어야 받을 수 있다. 가입기간이 20년이면 기본연금액의 1백％에 가급연금액을 합한 금액이 지급된다.

　20년을 초과하면 초과되는 1년마다 기본연금액이 5％씩 가산돼 지급된다.

　가급연금액은 가입자가 연금을 받게 될 당시 가입자에 의해 생계가 유지되고 있던 배우자 · 자녀(18세 미만 또는 장해 2급 이상), 부모(60세 이상 또는 장해등급 2급 이상)에게 지급되는 연금액이다.

　배우자에게는 연 9만 9천 9백 30원, 부모 · 자녀에게는 연 5만 9천 9백 50원이 지급된다.

　일시금을 제외한 모든 연금은 3 · 6 · 9 · 12월의 20일에 3개월분씩 지급된다.

❖ 감액노령연금

　15년 이상 가입자에게 60세부터 지급된다. 60세까지 국민연금에 가입했으나 이런 저런 사정으로 가입기간 20년을 채우지 못한 사람들이 대상이다.

❖ 조기노령연금

20년 이상 가입시 55세부터 지급된다.

노령연금수급요건에 해당하는 20년 이상을 충족했으나 조기에 소득능력을 잃어버린 사람에게 지급되는 연금이다. 즉 조기노령연금의 연금액은 60세부터 받을 수 있는 연금을 미리 앞당겨 받는 것이다.

따라서 수급개시 연령인 55세를 기준으로 매 1년마다 기본연금액의 5%가 늘어난다. 예컨대 59세부터 수급하면 기본연금액의 95%에 가급연금액이 가산된다.

그러나 국민연금제도가 88년부터 시작됐으므로 20년 이상 가입자는 현재 아무도 없고 따라서 조기노령연금을 받을 수 있는 사람도 없다.

그런데 최근 중대한 변화가 생겼다. 올해 10월 1일부터 시행되는 개정 국민연금법은 조기노령연금 수급을 위한 가입기간을 현행 20년에서 10년으로 낮추고 있는 것이다. 이렇게 되면 55세 이상의 실직자 중 5만명 정도가 연금혜택을 받을 수 있게 된다.

예컨대 월평균소득 1백39만원인 가입자는 매달 17만원, 월평균소득 2백만원인 가입자는 매달 23만원을 받게 된다.

서식기호	G i 0 1		결 재	과 장 (대 리)	부 장 (과 장)	지 부 장 (출장소장)
※접수번호						
			처 리	조회	입력	확인

국 민 연 금
(　　　)노령연금 지급청구서

수급권자	성 명		주민등록번호							—						☎	
	주 소	우편번호 □□□ — □□□															

지급받고자하는 금융기관			계좌번호	

소득있는 업무 종사 여부	□종 사 □비종사	소득월액		원	소득형태	□ 취업 □ 개인사업 □ 기타(　　　　)

	번 호	성 명	주 민 등 록 번 호	수 급 권 자 와 의 관 계	※장해표시
가급연금 계 산 대 상 자	①		—		
	②		—		
	③		—		
	④		—		

☞ 아래 "난"은 2이상 국민연금 급여발생으로 인한 "급여선택"의 경우에만 기재하십시오.

급여선택	발생급여 (발생일)	① 특례노령연금 (/ /)	② 반환일시금 (/ /)	③ (/ /)	선택급여 (발생일)	(/ /)

☞ 아래 "난"은 위 수급권자와 청구인이 다른 경우에만 기재하십시오.

위임사항	위임사유	□해외체류 □군복무 □수감 □기타	위 임 인 (기관장확인)	(인) (직인)
	위임(확인) 일 자			

청 구 인	성 명		주민등록번호				—				☎		수급권자와의관계
	주 소	우편번호 □□□ — □□□											

국민연금법시행규칙 제24조의 규정에 의하여 위와 같이 청구합니다.

청 구 일 : 　　　년 　월 　일
청 구 인 : 　　　　　　　(인)

접수인	

국민연금관리공단 이사장 귀하

☞ 뒷면의 구비서류 및 기재요령을 참조하신 후 기재하십시오.   210㎜×297㎜ 신문용지54g/㎡

이 반환일시금 및 사망일시금 지급청구서는 아래와 같이 처리됩니다.

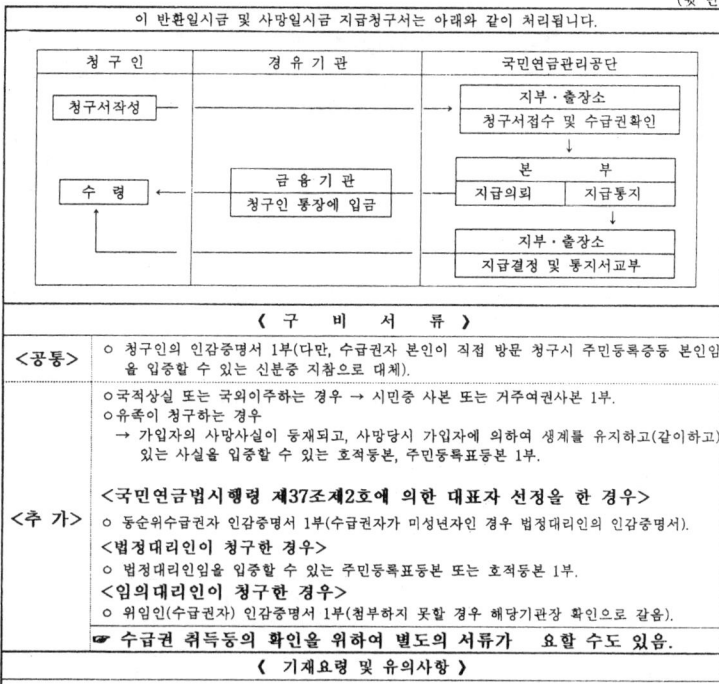

청 구 인	경 유 기 관	국민연금관리공단

청구서작성 → → 지부·출장소 / 청구서접수 및 수급권확인 ↓

수 령 ← 금 융 기 관 / 청구인 통장에 입금 ← 본 부 / 지급의뢰 | 지급통지

지부·출장소 / 지급결정 및 통지서교부

《 구 비 서 류 》

<공통>
ㅇ 청구인의 인감증명서 1부(다만, 수급권자 본인이 직접 방문 청구시 주민등록증등 본인임을 입증할 수 있는 신분증 지참으로 대체).

<추 가>
ㅇ국적상실 또는 국외이주하는 경우 → 시민증 사본 또는 거주여권사본 1부.
ㅇ유족이 청구하는 경우
→ 가입자의 사망사실이 등재되고, 사망당시 가입자에 의하여 생계를 유지하고(같이하고) 있는 사실을 입증할 수 있는 호적등본, 주민등록등본 1부.

<국민연금법시행령 제37조제2호에 의한 대표자 선정을 한 경우>
ㅇ 동순위수급권자 인감증명서 1부(수급권자가 미성년자인 경우 법정대리인의 인감증명서).
<법정대리인이 청구한 경우>
ㅇ 법정대리인임을 입증할 수 있는 주민등록등본 또는 호적등본 1부.
<임의대리인이 청구한 경우>
ㅇ 위임인(수급권자) 인감증명서 1부(첨부하지 못할 경우 해당기관장 확인으로 갈음).
☞ **수급권 취득등의 확인을 위하여 별도의 서류가 요할 수도 있음.**

《 기재요령 및 유의사항 》

"**✻**" 표시란은 기재하지 마십시오.
ㅇ 수급권자의 성명, 주민등록번호, 주민등록표상의 주소, 우편번호, 전화번호는 반드시 기재하십시오.
ㅇ 지급받고자하는 금융기관(은행, 농·수·축협, 우체국)의 예금통장은 반드시 입출금이 가능한 청구인 본인의 것이어야 합니다.
ㅇ 동순위수급권자가 대표자를 선정한 경우 "대표자 선정"란에 인감을 날인하십시오.
  - 대표자를 선정하지 아니하였을 때는 수급권자별로 청구하여야 합니다.
ㅇ "위임사항"란은 수급권자가 해외체류, 군복무, 수감등의 사유발생으로 임의대리인이 청구할 경우 기재하십시오.
ㅇ 청구인의 날인은 인감증명서를 제출하는 경우 인감증명서상의 인감과 동일하여야 합니다.
ㅇ "급여선택"란은 국민연금법시행규칙 제28조에 의한 급여선택신고를 해야 할 경우에 기재하십시오
ㅇ "급여선택"란의 발생급여는 수급사유가 먼저 발생한 급여부터 기재하십시오.
✻ **특례노령연금, 장해연금 및 유족연금의 대상이 되는 분이 반환일시금을 청구하면 그 연금을 지급받을 수 없게 되므로 공단의 급여담당자와 상담한 후에 청구하시기 바랍니다.**

국민연금관리공단 지부·출장소

기 관 명	주 소	전 화 번 호
서 울 지 부	서울특별시 중구 충무로	(02)277-3872~5
종 로 출 장 소	서울특별시 종로구 인의동	(02)776-8741~6
용 산 출 장 소	서울특별시 용산구 한강로 3가	(02)704-6471~4
동대문출장소	서울특별시 동대문구 신설동	(02)925-0791~5
강 남 지 부	서울특별시 강남구 논현동	(02)3444-6060~75
서 초 출 장 소	서울특별시 서초구 서초 3동	(02)597-0251~5
송 파 출 장 소	서울특별시 송파구 성수 3동	(02)421-3291~4
영 등 포 지 부	서울특별시 영등포구 당산동	(02)671-0342~5
서대문출장소	서울특별시 마포구 도화동	(02)3272-4071~6
구 로 출 장 소	서울특별시 구로구 구로 6동	(02)856-2590~3
부 산 지 부	부산광역시 동구 초량동	(051)464-4501~5
해운대출장소	부산광역시 수영구 광안 3동	(051)756-3895~8
강 서 출 장 소	부산광역시 북구 덕천 2동	(051)338-1930~4
북 대 구 지 부	대구광역시 달서구 이곡동	(053)588-1760~4
대 구 지 부	대구광역시 남구 대명 10동	(053)653-7843~6
인 천 지 부	인천광역시 남구 주안동	(032)420-0801~10
부 평 출 장 소	인천광역시 부평구 부평 4동	(032)514-3832~4
광 주 지 부	광주광역시 광산구 우산동	(062)954-2472~7
대 전 지 부	대전광역시 서구 탄방동	(042)485-2510~7
경 기 지 부	수원시 팔달구 인계동	(0331)37-1150~4
성 남 출 장 소	성남시 수정구 태평동	(0342)721-0410~4
안 산 출 장 소	안산시 고잔동	(0345)401-2960~3
안 양 출 장 소	안양시 안양동	(0343)69-1942~6
이 천 출 장 소	이천시 창전동	(0336)32-8081~3
경남서부지부	진주시 강남동	(0591)761-7920~5
제 주 지 부	제주시 연동	(064)42-7103~5
부 천 출 장 소	부천시 원미구 상동	(032)324-4943~5

기 관 명	주　소	전 화 번 호
고 양 출 장 소	고양시 일산구 주엽동	(0344)915-0981~5
강 원 지 부	춘천시 효자 1동	(0361)51-4475~9
강 릉 출 장 소	강릉시 옥천동	(0391)43-9711~4
원 주 출 장 소	원주시 단계동	(0371)44-9271~4
충 북 지 부	청주시 흥덕구 가경동	(0431)232-4961~4
충 주 출 장 소	충주시 봉방동	(0441)852-4751~4
충 남 지 부	대전광역시 서구 탄방동	(0441)488-9512~4
보 령 출 장 소	보령시 대천동	(0452)31-1032~5
충남서부지부	홍성군 홍성읍	(0451)34-1031~3
전 북 지 부	전주시 덕진구 금암동	(0652)254-9163~9
정 읍 출 장 소	보령시 대천동	(0681)32-0440~5
남 원 출 장 소	남원시 향교동	(0671)625-0224~8
전 남 지 부	광주광역시 남구 월산동	(062)366-1501~6
목 포 출 장 소	목포시 호남동	(0631)245-4252~5
해 남 출 장 소	해남군 해남읍 해리	(0634)536-0390~5
전남동부지부	순천시 연향동	(0661)722-9454~8
경 북 지 부	대구광역시 수성구 수성 2가	(053)753-3401~4
문 경 출 장 소	문경시 흥덕동	(0581)53-8151~5
구 미 출 장 소	구미시 송정동	(0546)457-7900~4
경북동부지부	포항시 북구 죽도 2동	(0562)84-1522~8
안 동 출 장 소	안동시 광석동	(0571)57-8091~4
경 남 지 부	창원시 신월동	(0551)85-5001~5
울 산 출 장 소	울산광역시 남구 신정동	(0522)76-9761~5
김 해 출 장 소	김해시 서성동	(0525)36-1841~7
통 영 출 장 소	통영시 정량동	(0557)41-7971~4
경기북부지부	의정부시 의정부 3동	(0351)877-5163~6

❖ 재직자노령연금

가입기간이 20년 이상이고 60세(단 특수직종 종사자는 55세 이상 60세 미만)에 도달했으며 소득이 있는 업무에 종사하는 경우에 받는다. 이 경우엔 가급연금을 받지 못한다.

가급연금은 소득능력이 없는 사람을 보호하기 위해 마련됐기 때문이다. 연령이 60세일 때는 기본연금액의 50%를 지급하고 64세에 이르기까지 연령 1세 증가시마다 기본연금액의 10%가 늘어나 65세 이후부터는 기본연금액의 1백%에 가급연금액을 가산한 전액을 받게 된다.

❖ 특례노령연금

5년 이상만 가입해도 지급된다.

88년 1월 국민연금 또는 97년 7월 농어민연금 시행당시 연금수급을 위한 최소 가입 기간인 15년을 채울 수 없었던 사람들을 위해 마련된 과도기적 급여다.

60세가 돼야 지급되며 88년 1월 1일 현재 45세 이상 60세 미만인 사람만 해당된다. 지급되는 연금액은 가입기간이 5년일 경우 기본연금액의 25%에 가급연금액을 합한 금액이고 5년을 초과한 경우에는 초과하는 매 1년마다 기본연금액의 5%가 가산된다.

❖ 제출서류

- 필수구비서류
  - 「노령연금지급청구서」 I부
  - 수급권자가 직접 방문해 청구할 경우는 본인임을 입증할 수 있는 주민등록증 등 신분증 지참
- 선택구비서류
  - 생계유지관계가 입증되는 주민등록등본및 호적등본 I부
  - 장해자인 경우 해당 장해진단서 또는 장애인 수첩 I부
  - 배우자 부모의 호적등본 I부
  - 대리청구시에는 국민연금위임장 I부

문의 국민연금관리공단 ☎ 02-240-1114

아프거나 다치면 장해연금 받는다

국민연금에 가입한 사람은 몸이 아프거나 다쳐도 「장해연금」을 받을 수 있다. 하지만 이렇게 좋은 제도가 있다는 사실을 알고 있는 사람은 드물다.

장해연금은 가입중에 발생한 질병 또는 부상으로 완치 후에도 신체 또는 정신상의 장해가 남은 때 장해등급에 따라 차등지급된다. 단 질병으로 인한 장해의 경우 초진일 현재 가입기간 1년 이상인 사람에 한해 지급된다. 부상으로 인한 경우에도 가입기간이 1년 이상이 되는 때부터 지급된다.

장해등급 1급인 사람은 기본연금액(연간) 1백%에 가급연금액을 더한 금액을 받고 2급인 사람은 80%, 3급인 사람은 60%에 가급연금액을 더한 금액을 각각 지급받는다. 4급인 사람은 기본연금액(연간)의 1백50%를 일시보상금으로 받는다.

장해등급 월소득액	1급	2급	3급	4급 (일시보상금)
220,000	220,000	210,990	161,580	4,447,700
790,000	345,910	279,390	212,880	5,986,700
1,660,000	476,410	383,790	291,180	8,335,700
3,080,000	689,410	554,190	418,980	12,169,700

〈표 1〉 장해연금의 급여수준   (단위 원/월)

장해등급의 결정과 심사는 국민연금관리공단이 전문과목별로 자문의사를 위촉, 실시하고 있다. 가입자가 장해를 입었을 때는 국민연금 지정의료기관에서 진단서를 발부받아 가입자의 주소지를 관할하는 국민연금관리공단 지부나 출장소에 청구하면 된다.

❖ 제출서류

- 필수구비서류
  - 장해지급청구서 1부
  - 장해진단서(공단이 지정한 의료기관에서 발행) 1부
  - 장해발생경위서 1부
  - 수급권자가 직접 방문 청구할 때는 본인임을 입증할 수 있는 주민등록증 등 신분증 지참

- 선택구비서류
  - 생계유지관계가 입증되는 주민등록등본 및 호적등본 I부
  - 장해자인 경우 해당 장해진단서 또는 장애인수첩 I부
  - 배우자 부모의 호적등본 I부
  - 사실상의 혼인관계확인서 I부
  - 대리청구시 국민연금 위임장 I부
  - 최초진료기관과 장해진단서 발급기관이 다른 경우에는 최초진료기관의 진단서 또는 담당의사 소견서 I부
  - 제3자의 가해로 장해가 발생한 경우에는 제3자 가해신고서 I부(손해배상합의시 「손해배상합의서」 첨부)

문의 국민연금관리공단 ☎ 02-240-1114

수급권자가 사망하면 유족이 대신
연금 받는다

　수급권자인 가입자가 사망했을 경우에는 누가 연금을
받을까. 유족들에게 연금이 지급된다. 이를 「유족연금」이
라고 한다.

◆ 수급요건

　노령연금 수급권자, 가입기간 1년 이상인 가입자, 가입
기간 15년 이상인 가입자이었던 자, 장해등급 2급 이상의
장해연금 수급권자가 사망했을 경우가 해당된다.
　초진일 현재 가입기간 1년 이상 15년 미만인 가입자이
었던 자로서 가입중에 발생한 질병이나 부상 또는 가입자
자격상실 후 1년 이내의 초진일로부터 2년 이내에 사망한

때에도 받을 수 있다.

◆ 수급권자

사망 당시 사망자에 의해 생계를 유지하고 있던 최우선 순위의 유족에게 수급권이 주어진다. 배우자·자녀·부모·손자녀·조부모 순으로 우선권이 있다.

사망자의 여자배우자는 연령의 제한없이 받을 수 있으나 남자배우자는 60세 이상, 자녀는 18세 미만, 부모는 60세 이상이어야만 한다.

〈표 1〉 유족연금의 급여수준

(단위 : 원 /월)

가입기간 월소득액	1년 이상~ 10년 미만	10년 이상~ 20년 미만	20년 이상
220,000	108,820	133,530	158,240
790,000	143,020	176,280	209,540
1,660,000	195,220	241,530	287,840
3,080,000	280,420	348,030	415,640

(97년 4월 현재가치 기준이며 가급연금액의 계산대상은 자녀 2인으로 한정)

❖ 급여수준

가입기간이 10년 미만인 사람은 기본연금액의 40%에 가급연금액을 더한 금액을 받는다. 가입기간이 10년 이상 20년 미만인 사람은 기본연금액의 50%, 20년 이상인 사람은 60%에 각각 가급연금액을 더한 금액을 받는다.

❖ 제출서류

- 필수구비서류
  - 「유족연금지급청구서」 1부
  - 사망경위서 1부
  - 사망사실을 입증할 수 있는 사망진단서 또는 사체검안서 1부
  - 사망사실과 생계를 유지하고 있던 자임을 입증할 수 있는 주민등록등본, 호적등본 1부
  - 수급권자가 직접 방문 청구시는 본인임을 입증할 수 있는 주민등록증 신분증 지참
- 선택구비서류
  - 생계유지관계가 입증되는 주민등록등본 및 호적등본 1부
  - 장해자인 경우 해당 장해진단서 또는 장애인 수첩 1부
  - 배우자 부모의 호적등본 1부

서식기호	G i 0 3		결재	과 장 (대 리)	부 장 (과 장)	지 부 장 (출장소장)
※접수번호						
			처리	조회필	입력필	확인필

국 민 연 금

유족연금지급청구서

수급권자 (동순위 대표자)	성 명		주민등록번호				—		☎		
	주 소	우편번호 □□□ — □□□									
	사망자와 의 관계		동 순 위 수급권자	□단 독 □동순위자(명)				대 표 자 선정여부	□선 정 □미선정		

지급받고자하는 금융기관		계좌번호	

사 망 자	성 명		주민등록번호	—	사망일

급 여 액 조정사항	산재대상	산재유족급여	제3자가해	손해배상 합의·수령		
	□ 대 상 □ 비대상	□수 령 □미수령	□있 음 □없 음	□미합의	□합의금(□수령액(	원) 원)

※ 수급사유코드	※미지급 □해 당 급 여 □미해당	※사 망 □해 당 일시금 □미해당	※초진일

가급연금 계 산 대 상 자	번호	성 명	주 민 등 록 번 호	사망자와의 관계	※장해표시
	①		—		
	②		—		
	③		—		

☞ 아래 "난"은 "동순위수급권자"가 있고 대표자를 선정한 경우에만 기재하십시오.

동 순 위 수급권자	번호	성 명	주 민 등 록 번 호	대표자선정		※장해표시
				선정일자	인감날인	
	①		—			
	②		—			

☞ 아래 "난"은 2이상 국민연금 급여발생으로 인한 "급여선택"의 경우에만 기재하십시오.

급여선택	발생급여 ① ② ③ (발생일) (/ /) (/ /) (/ /)	선택급여 (발생일) (/ /)

☞ 아래 "난"은 위 수급권자와 청구인이 다른 경우에만 기재하십시오.

위임사항	위임사유	□해외체류 □군복무 □수감 □기타	위 임 인 (기관장확인)	(인) (직인)
	위임(확인) 일 자			

청 구 인	성 명		주민등록번호	—	☎
	주 소	우편번호 □□□ — □□□			수급권자와의관계

	국민연금법시행규칙 제24조의 규정에 의하여 위와 같이 청구합니다.
접 수 인	청 구 일 : 년 월 일 청 구 인 : (인)

국 민 연 금 관 리 공 단 이 사 장 귀 하

☞ 뒷면의 구비서류 및 기재요령을 참조하신 후 기재하십시오. 210㎜×297㎜ 신문용지54g/㎡

이 유족연금 지급청구서는 아래와 같이 처리됩니다.

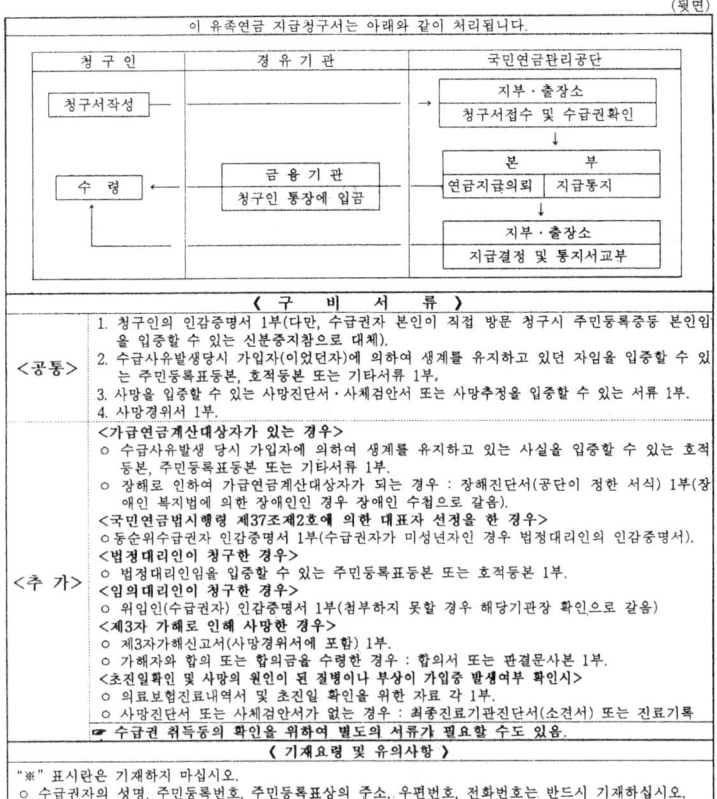

청 구 인	경 유 기 관	국민연금관리공단
청구서작성		지부·출장소 / 청구서접수 및 수급권확인
	금 융 기 관 / 청구인 통장에 입금	본 부 / 연금지급의뢰 지급통지
수 령		지부·출장소 / 지급결정 및 통지서교부

〈 구 비 서 류 〉

〈공통〉	1. 청구인의 인감증명서 1부(다만, 수급권자 본인이 직접 방문 청구시 주민등록증등 본인임을 입증할 수 있는 신분증지참으로 대체). 2. 수급사유발생당시 가입자(이었던자)에 의하여 생계를 유지하고 있던 자임을 입증할 수 있는 주민등록표등본, 호적등본 또는 기타서류 1부, 3. 사망을 입증할 수 있는 사망진단서·사체검안서 또는 사망추정을 입증할 수 있는 서류 1부. 4. 사망경위서 1부.
〈추 가〉	**〈가급연금계산대상자가 있는 경우〉** ㅇ 수급사유발생 당시 가입자에 의하여 생계를 유지하고 있는 사실을 입증할 수 있는 호적등본, 주민등록표등본 또는 기타서류 1부. ㅇ 장해로 인하여 가급연금계산대상자가 되는 경우 : 장해진단서(공단이 정한 서식) 1부(장애인 복지법에 의한 장애인인 경우 장애인 수첩으로 갈음). **〈국민연금법시행령 제37조제2호에 의한 대표자 선정을 한 경우〉** ㅇ동순위수급권자 인감증명서 1부(수급권자가 미성년자인 경우 법정대리인의 인감증명서). **〈법정대리인이 청구한 경우〉** ㅇ 법정대리인임을 입증할 수 있는 주민등록표등본 또는 호적등본 1부. **〈임의대리인이 청구한 경우〉** ㅇ 위임인(수급권자) 인감증명서 1부(첨부하지 못할 경우 해당기관장 확인으로 갈음) **〈제3자 가해로 인해 사망한 경우〉** ㅇ 제3자가해신고서(사망경위서에 포함) 1부. ㅇ 가해자와 합의 또는 합의금을 수령한 경우 : 합의서 또는 판결문사본 1부. **〈초진일확인 및 사망의 원인이 된 질병이나 부상이 가입중 발생여부 확인시〉** ㅇ 의료보험진료내역서 및 초진일 확인을 위한 자료 각 1부. ㅇ 사망진단서 또는 사체검안서가 없는 경우 : 최종진료기관진단서(소견서) 또는 진료기록 ☞ 수급권 취득등의 확인을 위하여 별도의 서류가 필요할 수도 있음.

〈 기재요령 및 유의사항 〉

"※" 표시란은 기재하지 마십시오.
ㅇ 수급권자의 성명, 주민등록번호, 주민등록표상의 주소, 우편번호, 전화번호는 반드시 기재하십시오.
ㅇ 지급받고자하는 금융기관(은행, 농·수·축협, 우체국)의 예금통장은 반드시 입출금이 가능한 청구인 본인의 것이어야 합니다.
ㅇ "가급연금계산대상자"란은 수급권을 취득할 당시 수급권자에 의하여 생계를 유지하고 있던 자 중에서 다음에 해당하는 자를 기재하십시오.(다만, 아래의 자가 연금수급권자인 경우는 제외됨).
　1. 배우자　2. 18세미만 또는 장해등급 2급이상에 해당하는 자녀. 다만, 2인이내에 한함.
　3. 60세이상 또는 장해등급 2급이상에 해당하는 부모(배우자의 부모를 포함함).
ㅇ 동순위수급권자가 대표자를 선정한 경우 "대표자선정"란에 인감을 날인하십시오.
　- 대표자를 선정하지 아니하였을 때는 수급권자별로 청구하여야 합니다.
ㅇ "위임사항"란은 수급권자가 해외체류, 군복무, 수감등의 사유발생으로 임의대리인이 청구할 경우 기재하십시오.
ㅇ 청구인의 날인은 인감증명서를 제출하는 경우 인감증명서상의 인감과 동일하여야 합니다.
ㅇ "급여선택"란은 국민연금법시행규칙 제28조에 의한 급여선택신고를 해야 할 경우에 기재하십시오
ㅇ "급여선택"란의 발생급여는 수급사유가 먼저 발생한 급여부터 기재하십시오.

35. 수급권자가 사망하면 유족이 대신 연금 받는다 *179*

- 대리청구시에는 국민연금위임장 1부
- 수급권자가 미성년자이고 법정대리인이 청구할 경우 법정대리인임을 입증하는 주민등록등본 또는 호적등본 1부
- 동순위 수급권자가 2인 이상이고 대표자를 선정한 경우 대표자 선정서 1부, 위임자 인감증명서 1부
- 장해 2급 이상으로 유족이 되는 경우 장해진단서 1부
- 사망으로 추정되는 경우 사망추정신고서 1부
- 제3자의 가해로 사망한 경우 제3자 가해신고서 1부 (손해배상 합의시 「손해배상합의서」 첨부)

문의 국민연금관리공단 ☎02-240-1114

가입자가 사망하면 유족에게 일시금 준다

국민연금 가입자 또는 가입자였던 사람이 사망하면 유
족들에게 반환일시금에 상당하는 금액의 돈이 한꺼번에 지
급된다. 이를 사망일시금이라고 한다.

이 제도는 95년 7월 해당 가입자들의 강력한 요구에
따라 신설되었다.

◆ 수급요건

가입자 또는 가입자였던 사람이 사망했으나 유족이 유
족연금 또는 반환일시금을 받을 수 있는 요건을 갖추지 못
했을 때 받는다.

구체적으로는 사망자의 60세 미만 남자배우자, 18세 이
상 자녀, 60세 미만 부모 등이 해당된다.

서식기호	G i 0 4		결재	과 장 (대 리)	부 장 (과 장)	지 부 장 (출장소장)
※접수번호					전결	
			처리	조회필	입력필	확인필

국 민 연 금

$\left(\begin{array}{l}\square \text{ 반환일시금} \\ \square \text{ 사망일시금}\end{array}\right)$ **지급 청구서**

수급권자 (동순위 대표자)	성 명		주민등록번호		–		☎		
	주 소	우편번호 □□□ – □□□							
	가입자(사망자) 와의 관계			동 순 위 수급권자	□단 독 □동순위자(명)		대 표 자 선정여부	□선 정 □미선정	
가입자 (사망자)	성 명		주민등록번호		–		사 망 일		

지급받고자하는 금융기관		계좌번호	

※ 수급사유 코 드	※수급사유발생일		※ 장해 표시	□해 당 □미해당	※ 미지급 급 여	□해 당 □미해당
	※가산금계산종료일					

☞ 아래 난은 "동순위수급권자"가 있고 대표자를 선정한 경우만 기재하십시오.

	번호	성 명	주 민 등 록 번 호	대표자선정		※장해표시
				선정일자	인감날인	
동 순 위 수급권자	①		–			
	②		–			
	③		–			

☞ 아래 난은 2이상 국민연금 급여발생으로 인한 "급여선택"의 경우에만 기재하십시오.

급여선택	발생급여 (발생일)	① (/ /) ② (/ /) ③ (/ /)	선택급여 (발생일)	(/ /)

☞ 아래 난은 위 수급권자와 청구인이 다른 경우에만 기재하십시오

위임사항	위임사유	□해외체류 □군복무 □수감 □기타	위 임 인 (기관장확인)	(인) (직인)
	위임(확인) 일 자			
청 구 인	성 명		주민등록번호	–		☎	
	주 소	우편번호 □□□ – □□□				수급권자와의관계	

국민연금법시행규칙 □제24조(반환일시금), □제36조(사망일시금)의 규정에

의하여 위와 같이 청구합니다.

청 구 일 : 년 월 일

접수인	**청 구 인 : (인)**

국민연금관리공단 이사장 귀하

☞ 뒷면의 구비서류 및 기재요령을 참조하신 후 기재하십시오. 210mm×297mm 신문용지54g/㎡

이 반환일시금 및 사망일시금 지급청구서는 아래와 같이 처리됩니다.

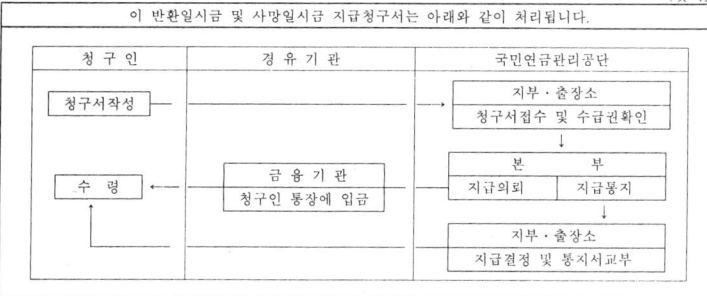

청 구 인	경 유 기 관	국민연금관리공단
청구서작성		지부·출장소 청구서접수 및 수급권확인
		본 부 지급의뢰 · 지급통지
수 령 ←	금 융 기 관 청구인 통장에 입금	지부·출장소 지급결정 및 통지서교부

《 구 비 서 류 》

<공통> ○ 청구인의 인감증명서 1부(다만, 수급권자 본인이 직접 방문 청구시 주민등록증등 본인임을 입증할 수 있는 신분증 지참으로 대체).

○ 국적상실 또는 국외이주하는 경우 → 시민증 사본 또는 거주여권사본 1부.

○ 유족이 청구하는 경우

→ 가입자의 사망사실이 등재되고, 사망당시 가입자에 의하여 생계를 유지하고(같이하고) 있는 사실을 입증할 수 있는 호적등본, 주민등록표등본 1부.

<국민연금법시행령 제37조제2호에 의한 대표자 선정을 한 경우>

<추 가> ○ 동순위수급권자 인감증명서 1부(수급권자가 미성년자인 경우 법정대리인의 인감증명서).

<법정대리인이 청구한 경우>

○ 법정대리인임을 입증할 수 있는 주민등록표등본 또는 호적등본 1부.

<임의대리인이 청구한 경우>

○ 위임인(수급권자) 인감증명서 1부(첨부하지 못할 경우 해당기관장 확인으로 갈음).

☞ **수급권 취득등의 확인을 위하여 별도의 서류가 필요할 수도 있음.**

《 기재요령 및 유의사항 》

"※" 표시란은 기재하지 마십시오.

○ 수급권자의 성명, 주민등록번호, 주민등록상의 주소, 우편번호, 전화번호는 반드시 기재하십시오.

○ 지급받고자하는 금융기관(은행, 농·수·축협, 우체국)의 예금통장은 반드시 입출금이 가능한 청구인 본인의 것이어야 합니다.

○ 동순위수급권자가 대표자를 선정한 경우 "대표자 선정"란에 인감을 날인하십시오.

- 대표자를 선정하지 아니하였을 때는 수급권자별로 청구하여야 합니다.

○ "위임사항"란은 수급권자가 해외체류, 군복무, 수감등의 사유발생으로 임의대리인이 청구할 경우 기재하십시오.

○ 청구인의 날인은 인감증명서를 제출하는 경우 인감증명서상의 인감과 동일하여야 합니다.

○ "급여선택"란은 국민연금법시행규칙 제28조에 의한 급여선택신고를 해야 할 경우에 기재하십시오

○ "급여선택"란의 발생급여는 수급사유가 먼저 발생한 급여부터 기재하십시오..

※ **특례노령연금, 장해연금 및 유족연금의 대상이 되는 분이 반환일시금을 청구하면 그 연금을 지급받을 수 없게 되므로 공단의 급여담당자와 상담한 후에 청구하시기 바랍니다.**

❖ 수급권자

가입자(이었던 자)와 사망 당시 생계를 같이 하고 있던 최우선 순위의 유족. 배우자·자녀·부모·손자녀·조부모의 순이며 배우자의 부모와 조부모는 제외된다.

❖ 급여수준

가입자 또는 가입자였던 사람의 반환일시금 상당액으로 표준소득월액의 4배를 넘을 수 없다.

❖ 제출서류

```
● 필수구비서류
 · 「사망일시금 지급청구서」 1부
 · 사망사실과 생계를 유지하고 있던 사람임을 입증할
   수 있는 주민등록등본, 호적등본 1부
 · 수급권자가 직접 방문 청구시 본인임을 입증할 수 있
   는 주민등록증 등 신분증 지참
 · 청구인의 금융기관 통장사본 1부
● 선택구비서류
 · 대리청구시 : 국민연금 위임장 1부
 · 수급권자가 미성년자이고 법정대리인이 청구할 경우 :
```

법정대리인임을 입증하는 주민등록등본 또는 호적등
본 1부
· 동순위 수급권자가 2인 이상이고 대표자를 선정한
경우 : 대표자 선정서 1부, 위임자의 인감증명서 1부
· 사망으로 추정되는 경우 : 사망추정신고서 1부

문의 국민연금관리공단 ☎ 02-240-1114

37

급한 불 끄는 데는
반환일시금 받는 게 최고

　실직을 하게 되면 당장 한푼이 아쉽게 된다. 국민연금가
입자는 반환일시금제도를 이용하면 일단 급한 불은 끌 수
있다.

　반환일시금은 수급권자(본인 또는 유족)가 실직·퇴직
한 뒤 1년이 지나서 청구할 수 있다. 5년이 지나면 청구
권이 자동적으로 소멸된다.

　물론 군복무·수감·해외체류 등 부득이한 사유로 본인
이 청구할 수 없을 때는 위임을 받은 사람이 대리인 자격
으로 청구할 수도 있다.

　그러나 의외로 많은 사람들이 반환일시금 제도를 몰라 돈
을 찾아가지 않고 있다. 실제로 보건복지부의 집계에 따르
면 93년부터 97년까지 5년간 국민연금 보험료를 납부하
다 실직이나 퇴직으로 가입자격을 상실한 72만 9천 48명

이 반환일시금 3백97억원을 찾아가지 않았던 것으로 집계됐다.

5인 이상 사업장은 의무적으로 가입하게 돼 있으므로 이곳에서 퇴직한 사람이라면 누구나 받을 수 있다. 실직·퇴직한 뒤 1년이 지나면 국민연금관리공단으로부터 반환일시금을 받아가라는 수령 안내장이 온다.

이때 주민등록증과 도장을 가지고 전국 54곳에 있는 국민연금 관리공단의 지사·지부·출장소에 가서 그곳에 비치되어 있는 「국민연금 반환일시금 지급청구서」(「36. 가입자가 사망하면 유족에게 일시금 준다」편에 이 양식도 함께 실려 있음. 182~183쪽 참조)를 작성, 제출하면 된다.

공단은 심사를 거쳐 1주일 이내에 가입자의 통장에 반환일시금을 입금시켜 준다.

반환일시금을 지급받은 경우에는 노령연금·장해연금 또는 유족연금을 지급받을 수 없다.

반환일시금을 받은 뒤 가입자 자격을 다시 취득한 경우에는 지급받은 반환일시금에 1년만기 정기예금 이자율을 적용한 이자를 가산해 반납해야만 종전가입기간이 합산돼 연금수급 요건을 보다 쉽게 갖출 수 있다.

❖ 수급요건

가입기간 15년 미만인 사람이 실직·퇴직 등으로 자격을 상실한 지 1년이 지났거나, 60세에 도달한 때, 국적을 상실하거나 국외로 이주한 때에 받는다.

가입기간 1년 미만인 가입자 또는 가입기간 15년 미만인 가입자였던 사람이 사망해도 받을 수 있다.

실직한 지 1년이 되기 전에 5인 이상 사업장에 재취업을 하게 될 경우 반환일시금은 받을 수 없으며 재취업 사업장에서 다시 국민연금에 자동가입하게 된다.

또 실직했어도 은행이자 등으로 월평균 22만원 이상의 소득을 올릴 경우에도 원칙적으로 국민연금에 다시 가입해야 하므로 반환일시금 수령대상에서 제외된다.

❖ 급여수준

연금보험료에 가입기간 동안의 이자를 합한 금액을 받는다.

본인이 낸 기여금과 퇴직금전환금에는 3년만기 정기예금이자율이 적용되고 사용주가 낸 부담금에는 1년만기 정기예금이자율이 각각 적용된다.

자격상실 후 청구시까지의 가산금에는 1년만기 정기예금이자율이 적용된다.

❖ 제출서류

- 필수구비서류
  - 「국민연금 반환일시금 지급청구서」 1부
  - 청구인의 주민등록증 등 신분증 1부
  - 청구인의 예금통장사본 1부(예금주 및 계좌번호가 표시된 면)
- 선택구비서류
  - 수급권자의 인감증명서 1부(대리 또는 우편청구시)
  - 지급사유가 사망인 경우에는 사망사실과 생계유지관계를 입증할 수 있는 주민등록등본 및 호적등본 1부
  - 지급사유가 국적상실 또는 국외이주일 경우에는 시민증사본 또는 여권사본 1부
  - 동순위 수급권자가 2인 이상이고 대표자를 선정한 경우에는 대표자선정서 1부와 위임자의 인감증명서 1부
- 해외체류자가 국내대리인을 통해 급여청구를 할 때 필요한 서류
  - 임의위임장 1부
  - 해외체류자임을 입증하는 서류 1부(영주권 또는 여권사본 등)
  - 수임자가 위임자와 가족관계에 있음을 입증하는 서류 1부(호적·제적등본 등)
  - 수임자의 각서

문의 국민연금관리공단 ☎ 02-240-1114

국민연금 급여 이렇게 지급된다

국민연금 급여는 의료보험이나 자동차보험 등과 마찬가지로 수급권자가 청구해야만 받을 수 있다.

절대로 잊지 말아야 할 것은 국민연금 청구는 수급권이 발생한 때로부터 5년 이내에 청구해야 한다는 점이다. 5년이 지나면 수급권이 소멸된다.

현행 국민연금법상으로는 가입자가 60세 이상이면 완전노령연금의 수급권을 갖게 된다.

그러나 보건복지부가 98년 5월 마련한 국민연금법 개정안이 예정대로 10월 1일부터 시행되면 수급요건이 크게 달라진다.

개정안은 실직자의 생활고를 감안해 조기노령연금의 수급요건을 10년 이상(현행 20년 이상) 가입, 55세에 도달했을 경우로 완화했다.

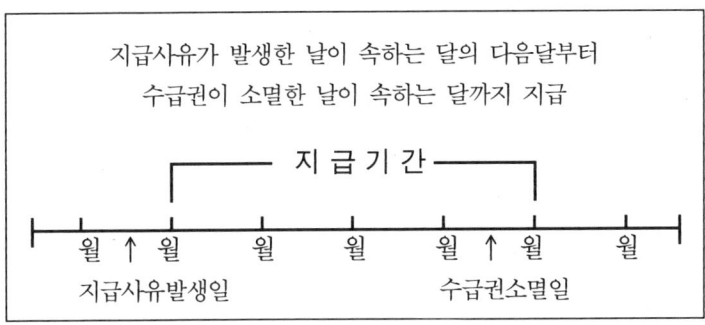

〈표 1〉 급여지급 기간

그리고 완전연금을 받을 수 있는 연령은 2013년에 61세로 늦춰지기 시작해 5년 단위로 1세씩 상향조정돼 2033년에는 65세가 된다.

현행 지급시기는 매년 3월, 6월, 9월, 12월의 20일(토요일, 공휴일은 그 전날에 지급)이며 희망하는 금융기관 또는 체신관서의 예금계좌로 지급된다. 다음 쪽의 〈표 2〉에서 **국민연금 취급 금융기관 및 체신관서**를 모두 소개하니 살펴보기 바란다.

여기서 주의할 점이 있다.

청구인 이름으로 된 예금통장이 아닐 경우 급여이체시 계좌불명으로 처리돼 급여를 받을 수 없다.

또 계좌번호를 잘못 적어 다른 사람의 계좌에 입금되면 취소할 수 없으므로 정확하게 적어야 한다.

일반은행	서울은행, 신한은행, 제일은행, 조흥은행, 상업은행, 한미은행, 한일은행, 한국외환은행, 보람은행, 하나은행, 평화은행
지방은행	강원은행, 경남은행, 광주은행, 대구은행, 부산은행, 전북은행, 제주은행, 충북은행
특수은행	국민은행, 중소기업은행, 장기신용은행, 농업협동조합중앙회(단위조합), 수산업협동조합중앙회(단위조합), 축산업협종조합중앙회(단위조합), 한국주택은행, 한국산업은행
외국은행	시티은행
체신관서	우체국

〈표 2〉 국민연금 취급 금융기관 및 체신관서

통장잔액이 다음과 같이 일정금액 미만인 경우에는 거래가 중지돼 급여를 받을 수 없다.

- Ⅰ만원 미만으로 Ⅰ년간 거래가 없는 경우
- Ⅰ만원 이상 5만원 미만으로 2년간 거래실적이 없는 경우
- 5만원 이상 Ⅰ0만원 미만으로 3년간 거래실적이 없는 경우

가입자의 자격, 표준소득월액, 연금보험료, 기타 징수금

및 급여 등 공단의 처분에 이의가 있으면, 처분이 있음을 안 날로부터 60일 이내에 문서로 공단에 이의신청할 수 있다.

이의신청에 대한 결정을 받아들일 수 없으면 이의신청에 대한 결정통지를 받은 날로부터 60일 이내에 문서로 공단을 경유해 보건복지부 국민연금심사위원회에 심사청구할 수 있다.

문의 국민연금관리공단 ☎ 02-240-1114

수급권 두개 이상 생기면 가장 유리한 것으로 하나를 선택하라

급여(연금 또는 반환일시금) 수급권이 한 사람에게 두 가지 이상 발생한 경우에 두가지 연금을 모두 받을 수 있을까. 그것은 불가능하다.

수급권자는 하나를 선택해야 하고 다른 하나의 급여는 지급이 정지된다. 가령 55세에 조기노령연금 수급권을 갖게 된 사람이 있다고 치자. 그의 배우자가 사망하면 그는 유족연금 수급권까지 갖게 된다. 하지만 그는 하나의 급여만을 받을 수 있다.

이 경우 수급권자가 선택한 유리한 급여 이외의 급여 수급권은 소멸되는 것이 아니라 지급정지된다. 이를 「국민연금 급여간 병급조정」이라고 한다.

장해연금 또는 유족연금의 수급권자가 연금 지급사유와 같은 사유로 산업재해보상보험법에 의한 장해급여 또는 유족급여를 받을 수 있는 경우가 있다. 이때에는 국민연금 장해연금액 또는 유족연금액의 2분의 1에 해당하는 금액 만을 받게 된다. 이를 산재급여와의 병급조정이라고 한다.

❖ 다음의 사유가 발생했을 때는 급여지급이 정지되거나 제한된다

- 수급권자가 정당한 사유없이 공단의 서류, 기타 자료제출요구에 불응한 때
- 수급권자가 정당한 사유없이 법 제99조에 의한 진단요구 또는 확인에 응하지 않은 때
- 수급권자가 정당한 사유없이 법 제100조 제1항에 의한 신고를 하지 않은 때
- 가입자 또는 가입자였던 자가 고의로 질병, 부상 또는 그 원인이 되는 사고를 발생시켜 그로 인해 장해를 입은 경우
- 가입자 또는 가입자였던 자가 고의나 중대한 과실 또는 정당한 사유없이 요양지시에 따르지 않아 장해 또는 그 원인이 되는 사고를 발생하거나 그 장해를 악화시키거나 회복을 방해한 때
- 가입자 또는 가입자였던 자를 고의로 사망하게 한 유족
- 유족연금의 수급권자로 될 수 있는 자를 고의로 사망하게 한 유족
- 다른 수급권자를 고의로 사망하게 한 유족연금 수급권자

가입자, 가입자였던 자, 또는 수급권자가 제3자의 행위로 인해 장해연금 또는 유족연금 지급사유와 같은 사유로 가해자로부터 손해배상을 받은 경우에는 지급이 정지된다.

❖ 지급정지기간의 산출방법

$$지정지급기간(월) = \frac{손해배상액}{기대연금총액} \times 12월$$

※ 손해배상액 : 국민연금법령상의 손해배상액

기대연금총액 : 연금액 × 기대수급기간

기대수급기간 : 1/3 × 【가입기간(년) + 전국민 평균여명】

전국민 평균여명 : 39.1(94년도 한국인 표준생명표 적용)

문의 국민연금관리공단 ☎ 02-240-1114

내가 받을 국민연금 급여액수
얼마나 될까

국민연금가입자는 급여액 산정방식을 반드시 알아 두는 것이 좋다. 그래야만 연금을 어림할 수 있고 거기에 맞춰 생활을 설계할 수 있기 때문이다. 가입자는 기본연금액과 가급연금액을 합한 금액을 받게 된다.

◆ 기본연금액은 균등부분 · 소득비례부분 · 가입기간에 의해 결정된다

균등부분은 개개인의 소득수준과 관계없이 모든 사업장 가입자와 지역가입자의 평균소득을 기초로 산출된다. 소득비례부분은 가입자 개인의 소득수준에 의해 산정된다. 기본연금액을 산정할 때 전체 균등부분을 전 사업장 평균소득액을 기준으로 한 것은 부의 재분배 효과를 위한 것이다.

- 연간 받게 되는 기본연금액의 산정공식은 $2.4(A+B) \times (1+0.05n)$이다.
- 여기서 2.4는 가입기간 20년(2백 40개월)일 때의 급여수준을 결정하는 비례상수.
- A는 연금수급 전년도의 사업장 가입자 및 지역가입자 전원의 표준소득월액의 평균액.
- B는 가입자 개인의 가입기간중 표준소득월액의 평균액에 0.75를 곱한 수치.
- 0.05는 가입기간 20년을 초과하는 연수마다 연금액을 가산하는 비율(5%).
- n은 가입기간 20년 초과년수(예 : 가입기간 25년일 경우 $n=5$임).

◆ 가급연금액은 일종의 가족수당이라고 할 수 있다

연금수급권을 갖게 될 당시 그 사람에 의해서 생계를 유지하고 있던 사람에게 주는 부가급여이기 때문이다.

지급대상자는 배우자(사실혼 포함), 18세 미만 또는 장해등급 2급 이상에 해당하는 자녀(2인 이내), 60세 이상 또는 장해등급 2급 이상에 해당하는 부모(배우자 부모 포함) 등이다.

가급연금액은 배우자 연 9만30원, 부모 및 자녀 1인당 연 5만4천10원이다.

연금 급여의 수급요건을 채우지 못하고 중도에 탈퇴하거나 사망하는 경우 본인 또는 유족에게 지급되는 반환일시금·사망일시금에 대해서는 별도의 산정방식을 적용한다. 즉 납부한 연금보험료 중 3분의 2에 해당하는 금액에 대해서는 3년만기 정기예금 이자율을 적용하고 3분의 1에 해당하는 금액에 대해서는 1년만기 정기예금 이자율을 적용, 산정하게 되는 것이다.

문의 국민연금관리공단 ☎ 02-240-1114

보험료 내기 힘들면 납부예외 신청을 하라

연금보험료를 부담하기 어려울 때가 있다. 특히 실직했거나 한달 이상 휴직해 임금을 받지 않을 경우에는 납부예외 신청을 하면 보험료를 납부하지 않아도 된다. 재해 또는 사고로 소득이 없거나 감소한 경우도 납부예외 신청이 가능하다.

특히 농어촌지역의 직장에 다니다 실직한 사람의 경우 납부예외 신청을 하지 않으면 자동적으로 농어촌지역연금에 가입되므로 주의해야 한다.

퇴직증명서·폐업증명원 또는 읍·면장 확인서와 함께 「연금보험료 원천공제 납부예외 신청서」를 작성, 사유발생일이 속하는 달의 다음달 7일까지 관할 지부·출장소에 제출하면 납부예외인정을 받을 수 있다.

도시지역 자영업자들에게까지 가입이 확대되는 10월 1일 이후에는 도시지역 실직자들도 납부예외 절차를 준비해야 한다. 그러나 그 이전까지 도시지역 직장에 다니다 실직한 사람들은 자동적으로 자격이 상실되므로 특별한 조치를 취할 필요가 없다.

예외기간은 가입기간에 포함되지 않으며 사정이 좋아지면 납부재개 신고를 하고 계속 납부할 수 있다.

◆ 납부예외

- 사업장 가입자의 경우
  - 예외조건 — 휴직기간 동안 임금이 지급되지 않을 때
  - 예외사유 — 병역의무 수행
    질병치료
    기타 사유로 한달 이상 휴직한 경우
- 지역가입자의 경우
  - 예외조건 — 군입대·질병 또는 재해 등으로 연금보험료를 납부할 수 없게 된 때
  - 예외사유 — 실직한 경우
    학교에 재학중인 학생
    병역의무 수행
    유기징역 이상 확정판결을 받아 교도소에 수감
    보호감호시설 또는 치료감호시설 수용

행방불명자

질병 또는 부상으로 3개월 이상 입원

농어업 재해, 풍수해로 인한 보조 또는
지원대상

재해·사고 등으로 소득이 없거나 감소
한 경우

◆ 납부재개

납부예외사유가 없어졌다면 사유발생일이 속하는 달의
다음달 7일까지 납부재개 신고를 해야 한다.

문의 국민연금관리공단 ☎ 02-240-1114

국민연금 가입자 생활자금 5백만원까지 빌릴 수 있다

국민연금가입자들은 최고 5백만원까지 싼 이자로 생활자금을 빌릴 수 있다. 97년 2월부터 시작된 이 제도는 국민연금에 5년 이상(장애인은 3년 이상) 가입한 사람을 대상으로 실시되고 있다.

초기에는 월소득 92만원 이하인 사람으로 제한했으나 97년 7월부터는 자격제한을 없애 소득수준과 관계없이 돈을 빌릴 수 있게 됐다.

용도는 전세자금, 경조사비, 가입자 본인·자녀·배우자의 학자금, 부양가족의 의료비 등이다.

대출조건은 연리 11.4%로 전세자금은 2년거치 3년 분할상환이고 경조사비 등은 3년 분할상환 조건이다.

돈을 빌릴려면 주민등록등본, 무주택확인서(전세자금), 예식장사용계약서(경조사비), 등록금고지서(학자금) 등의 서류를 갖춘 뒤 국민연금관리공단 지부·출장소(168~169쪽 참조)의 서무과에서 대부신청을 하면 된다.

대부대상자 결정통지서를 받게 되면 10일 이내에 위탁 금융기관(제일은행·축협·평화은행)에 대부금을 신청해야 돈을 지급받을 수 있다.

여기서 주의할 점이 있다. 위탁 금융기관들이 신청자들에게 보증인 2명의 재산세 납부증명서·등기부등본·인감증명서를 준비해 보증인과 함께 올 것을 요구하는 등 까다롭게 굴고 있기 때문이다. 이 때문에 대출신청 후 포기하는 사례가 적지 않아 빛 좋은 개살구라는 비판까지 나오고 있다.

그러나 한푼이 아쉬운 IMF시대에 좋은 조건으로 목돈을 빌릴 수 있는 좋은 제도인 만큼 철저한 준비를 통해 활용하는 편이 좋을 것이다.

❖ 대부 대상자

구 분	대 부 대 상 조 건
공 통	• 국민연금 5년 이상(장애인은 3년 이상) 가입자로서 전세자금, 경조사비, 의료비, 재해복구비를 대부받고자 하는 자
전세자금	• 무주택 기간이 1년 이상인 세대주로서, ※ 가입자의 배우자가 세대주인 경우 포함

전세자금	• 전세(임차)보증금이 서울 6천만원, 시지역 4천만원, 기타지역 3천만원 이하의 주택임차계약을 체결하여 현거주지에서 임차계약 주소지로 이사하는 경우 ※ 본인 또는 배우자 명의로 임차한 경우에 한함
경조사비	• 본인 또는 그 자녀가 결혼하는 경우 • 가입자의 배우자 또는 직계존속이 사망한 경우(배우자의 직계존속은 주민등록에 등재되어 부양한 경우
학 자 금	• 본인 또는 그 자녀가 국내대학(전문대 포함) 및 대학원 입학 또는 재학중인 경우 ※ 실등록금 납부액 범위내에서 대부(등록금-장학금 또는 면제액) ※ 가입자 1인당 2회까지 대부가능
의 료 비	• 본인과 의료보험증 또는 주민등록등본상에 등재된 배우자 또는 직계 존비속(배우자의 직계 존비속 포함)의 진료비 중 의료비 납부총액이 1백만원 이상인 자(의료비 납부총액=의료비총액-의료보험 부담액)
재해복구비	• 본인 소유 또는 상시 거주주택이나 경작 농경지 등이 재해(화재, 풍수해 등)를 입은 경우로서 그 피해액이 1백만원 이상인 자(본인이 직접 경작하지 않는 농경지 제외)

◆ 신청기한

구 분	신 청 기 한
전세자금	• 전세(임차)계약서상 잔금지급 후 주민등록 전입일로부터 1개월 이내
경조사비	• 결혼 : 결혼일기준 전 1개월, 후 1개월까지의 기간 • 사망 : 사망일로부터 2개월 이내

42. 국민연금 가입자 생활자금 5백만원까지 빌릴 수 있다 **205**

학 자 금	• 등록금(입학금, 수업료, 기성회비 포함) 납부기한일 기준 전 1개월, 후 1개월까지의 기간
의 료 비	• 의료비계산서(영수증) 발급일로부터 2개월 이내 단, 같은 질병으로 장기간 요양시 최종 발급일 기준
재해복구비	• 재해발생일로부터 3개월 이내

❖ 구비서류

구 분	구 비 서 류
공 통	• 대부신청서 1부(별지 제1호 서식) • 위임장(별지 제2호 서식) 및 위임자의 인감증명서 1부 (대리청구에 한함)
전세자금	• 주택임대차계약서 또는 전세계약서 사본 1부 • 주민등록등본 1부 ※ 이사하는 경우 주민등록 전입 이전에 대부받은 자는 잔금지급일로부터 1개월 이내에 전입지 주민등록등본 제출 • 무주택 입증서류(임차계약 주소지(전입지)만 해당) • 무주택 및 무주택 기간에 대한 서약서(별지 제3호 서식) • 세대주와 배우자 비동거시에는 배우자의 주민등록등본 및 동 주민등록상 건물등기부등본 1부
경조사비	• 주민등록등본 또는 호적등본 1부 −예식장 사용계약서 사본 또는 결혼청첩장 1부(결혼일 이전에 신청하는 경우에 한하며 결혼 후 2개월 이내에 주민등록등본, 호적등본 또는 기타 결혼 입증서류 제출) • 사망 −사망진단서 또는 주민등록등본이나 호적등본 또는 기타 사망 입증서류

학 자 금	● 등록금 납부고지서 사본 또는 영수증 사본 1부(등록금 납부고지서 사본의 경우에는 납부 후 1개월 이내에 영수증 사본 제출) ● 주민등록등본 또는 호적등본 1부
의 료 비	● 의료보험증 사본 또는 주민등록등본 1부 ● 의료비계산서 또는 영수증(간이세금계산서는 진단서 첨부된 경우만 인정)
재해복구비	● 등기부등본, 임차계약서 등 소유, 거주, 경작 입증서류 ● 읍·면·동·군수·경찰서장 또는 소방서장이 발행한 피해상황 확인서 또는 화재증명원(피해금액 명시)

❖ 대부한도액 및 상환기간

구 분	대 부 한 도 액	상 환 기 간
전세자금	5백만원 이하	2년 거치 3년 원금균등분할상환
경조사비	3백만원 이하	3년 원금균등분할상환
학 자 금	2백만원 이하	3년 원금균등분할상환
의 료 비	2백만원 이하	3년 원금균등분할상환
재해복구비	5백만원 이하	2년 거치 3년 원금균등분할상환

문의 국민연금관리공단 ☎02-240-1114

43

국민연금 가입 실직자, 보증없이
1천만원까지 빌릴 수 있다

국민연금 가입 실직자들은 최고 1천만원까지의 생활안
정자금을 융자받을 수 있다. 무엇보다도 보증인이 필요없
다는 점에서 매력적이다.

이 제도는 보건복지부가 대량실업사태의 충격을 완화하기
위해 98년 5월 11일부터 연말까지를 시한으로 도입했다.

연리 11.4%에 1년거치 3년 균등분할 상환조건이며 생
계비·학자금·의료비·경조사비·전세자금 등의 용도로
납부한 보험료의 80% 범위 안에서 빌릴 수 있다.

국민연금가입자로서 실직했거나 자영업을 중단해 소득이
없는 사람이면 일단 대상이 된다. 근로복지공단을 통해 생
활안정자금을 빌려 쓴 실직자들도 대출받을 수 있다.

그러나 중도에 탈퇴했거나 납부보험료에 이자를 더한
반환일시금을 되돌려 받은 이들은 대상에서 제외된다.

대출받은 뒤 반환일시금을 신청할 경우에는 대출금 잔액을 공제하고 남는 반환일시금만 받게 된다. 실직 뒤 다른 직장을 얻어 국민연금에 재가입한 사람이나 농촌으로 이사해 지역가입자로 편입된 사람도 대상에서 제외된다.

다만 지역가입자로 편입된 실직자라 해도 월평균소득이 22만원 미만이면 보험료 납부예외자로 분류돼 융자를 받을 수 있다.

복지부는 국민연금기금에서 1조원이 동원되는 이 사업의 수혜 대상자가 모두 1백16만명에 이를 것으로 보고 있다. 이 가운데 납부보험료가 1백만~5백만원 미만인 사람은 52만8천명, 1천만원 이상인 사람은 1만8천명에 이를 것으로 예상했다.

융자를 받으려면 국민연금관리공단 시·도지부나 출장소에 신청해야 한다.

◆ 구비서류

- 「국민연금의 생계자금 대부신청서」(신청기관에 비치)
- 주민등록증이나 운전면허증
- 주민등록등본 1부
- 자금수령용 통장사본 1부
- 통장에 사용한 인감도장

		담당자

국민연금의 생계자금 대부신청서	※ 접수	일자	
		번호	

※ ① 대부신청자	성 명		주민등록 번 호	-	전화 번호	
	주 소				우편 번호	

※ ② 대부신청금액	금 원(₩)

※ ③ 대부금수령	금 융 기 관	계 좌 번 호	이자 및 원리금 상환일
	은행		□1일 □15일 □21일 □26일

④ 소 유 주 택	□ 유[단독주택: 평, 아파트: 평] □ 무[전세금액: 만원]
⑤ 재산세납부실적	□ 유[연간: 만원] □ 무
⑥ 자 가 용	□ 유[차종: . 차량번호:] □ 무

국민연금의 생계자금 대부 약정을 이행할 것을 확약하며, 위와 같이 대부신청을 합니다.

199 년 월 일

신 청 인 (인)

국민연금관리공단 이사장 귀하

구 비 서 류	·지참 : ① 주민등록증 또는 운전면허증 등 국가기관 발행 자격증(증명사진이 있는 경우에 한함) ② 대부금 지급 및 상환금 수납업무 위탁금융기관(제일·국민·평화은행 및 농협·축협중앙회 : 축협은 단위조합 포함)의 신청자 명의 예금통장 및 통장 등록 인장 ·제출 : ① 주민등록등본 1부 ② 위의 지참 예금통장 사본 및 주민등록증 사본 각 1부

자 동 이 체 신 청 서

국민연금의 생계자금 대부 원리금 상환에 대하여, 국민연금의 생계자금 대부 약정이 적용됨을 승인하고 다음과 같이 자동이체를 신청합니다.

신 청 인	전화번호 : 성 명 : (인) (통장인감)	인감대조

출금계좌번호		이 체 일 자	년 월 일
입금계좌번호	국민연금관리공단지정계좌	이체금액	거치기간은 당해이자, 원금상환기간은 당해원리금

제일은행·국민은행·농협·축협·평화은행 등 5개 금융기관의 통장만 사용할 수 있다.

대출신청서를 작성하면 10분 이내에 대출여부와 지급받을 대출금을 확인할 수 있으며 2~3일 후 통장에 대출금이 입금된다.

문의 보건복지부 연금재정과 ☎ 02-504-1103~4
국민연금관리공단 ☎ 02-240-1114

보험료 똑같이 내도 국민연금 급여액이 개인연금보다 많다

도대체 국민연금과 개인연금은 어떻게 다를까. 이런 의문을 갖고 있지만 속 시원한 대답을 듣지 못해 답답해 하는 사람들이 많다. 특히 실업자가 된 이후 기존에 가입한 국민연금과 개인연금 중 어느 한가지를 해약해야 할 형편에 있는 사람들로서는 꼭 알고 넘어가야 할 대목이 아닐 수 없다.

국민연금은 국가에서 관리·운영하며 관리운영비를 국고에서 지원하는 사회보장 제도로서 가입이 의무화돼 있다.

반면 개인연금은 은행이나 보험회사에서 금융상품으로 판매하는 사보험의 일종으로 매입 여부는 전적으로 본인의 의사에 달려 있다.

국민연금은 지급이 시작되면 평생 받다가 사망한 후에는 유족에게까지 승계된다. 특히 물가가 오르면 그 비율만큼

<표 1> 국민연금과 개인연금의 비교

구 분	국 민 연 금	개 인 연 금
성 격	• 국가가 운영하는 장기적인 소득보장 제도 • 가입계층간의 소득재분배 기능 등의 공공적 성격	• 본인의 필요에 의해 가입하는 임의적인 제도
가입대상	• 의무적으로 가입 • 만 18세 이상 60세 미만	• 본인희망에 따라 가입 • 20세 이상 국내 거주
납부 보험료	• 소득의 일정비율 (3%~9%)	• 월 1백만원 범위내(1만원 단위로 본인 선택)
연금지급 시기 및 지급기간	• 만 60세부터 사망시까지	• 만 55세 이상 • 5, 10, 15, 20년 중 선택
가족수당	• 배우자 : 연 99,930원 • 부모·자녀 : 연 59,950원	• 없음
가입중 사망, 장해 발생	• 유족, 장해연금 지급	• 중도해지 일시금 지급
실질가치 보장	• 실질가치 보장(물가변동율 만큼 연금액 상승)	• 실질가치보장 안됨

연금액도 따라 오르기 때문에 실질가치가 항상 보장된다. 따라서 가입할 때 당시의 화폐가치로 정해진 금액의 연금만을 계속 지급하는 개인연금과는 크게 다르다.

⟨표 2⟩ 예상연금액 산정 예시(사업장 가입자)

(단위 : 천원)

월소득	총불입액 (월납부액)	국민연금(A)		개인연금(B)		비 율 (A / B)
		최 초 지급월액	총지급액	최 초 지급월액	총지급액	
40만원	8,640 (36.0)	1,065	275,703	197	50,986	5.41
100만원	21,384 (89.1)	1,246	322,678	487	126,207	2.56
120만원	26,136 (108.9)	1,314	340,193	596	154,254	2.21
200만원	42,552 (177.3)	1,547	400,703	970	251,149	1.60
300만원	63,504 (264.6)	1,846	477,930	1,448	374,815	1.28

※ 가입기간 20년, 연금수급기간 15년 기준임
　납부보험료 : 표준소득월액의 9%
　개인연금 : 이자율(배당율) 연 9.5%, 연 5% 체증식
　국민연금 : 물가상승율 연 5% 반영

　복지부 관계자들은 불입한 금액과 기간이 같을 경우 지급받는 연금액은 국민연금이 개인연금보다 2～6배나 더 많은 것으로 분석하고 있다. 또한 국민연금을 받을 때는 소득세와 상속세가 면제되고 지역가입자의 경우 당해년도에 납부한 연금보험료에서 최고 72만원까지 소득공제를 받게 된다.

〈표 3〉 예상연금액 산정 예시(지역 가입자)

(단위 : 천원)

월소득	총불입액 (월납부액)	국민연금(A)		개인연금(B)		비 율 (A / B)
		최초 지급월액	총지급액	최초 지급월액	총지급액	
40만원	7,416 (30.9)	1,065	275,703	169	43,765	6.30
100만원	18,355 (76.5)	1,246	322,678	418	108,331	2.98
120만원	22,433 (93.5)	1,314	340,193	511	131,396	2.59
200만원	36,524 (152.2)	1,547	400,703	833	215,565	1.86
300만원	54,508 (227.1)	1,846	477,930	1,242	321,723	1.49

※ 가입기간 20년, 연금수급기간 15년 기준임

　납부보험료 : 표준소득월액 기준

　－1998년 10월～2000년 6월 : 3%

　－2000년 7월～2005년 6월 : 6%

　－2005년 7월 이후 : 9%

　월납부액 : 가입기간 20년 동안의 월평균 납부보험료임

　개인연금 : 이자율(배당율) 연 9.5%, 연 5% 체증식

　국민연금 : 물가상승율 연 5% 반영

농어민에게는 연금보험료 중 일부(2천 2백원)를 국가에서 매달 지원해 준다. 국민연금은 국가와 국민간, 세대와 세대간의 계약이기 때문에 절대로 고갈될 수 없다. 따라서

국가가 존속하는 한 지급불능사태는 절대 일어나지 않는 다. 더욱이 국민연금 급여는 이를 양도, 압류하거나 담보 로 제공될 수가 없어 수급권이 보장된다.

국민연금의 보험료는 사업장 가입자가 9%, 농어촌지역 가입자가 3%. 다른 공적 연금인 공무원연금(13%), 군 인연금(13%), 사립학교 교원연금(13%)에 비해 낮은 수 준이다.

문의 국민연금관리공단 ☎ 02-240-1114

45

견딜 수만 있다면 반환일시금 받지 말자

사정이 허락한다면 반환일시금을 받지 않는 것이 좋다. 가입자가 중도에 탈퇴한 뒤 반환일시금을 받아가는 것보다 노령연금으로 받아가는 것이 훨씬 유리하기 때문이다.

앞에서 설명한 대로 반환일시금은 직장을 그만두거나 해직된 뒤 1년 이상 5인 이상 사업장에 재취업 하지 않을 경우 보험료 원금에 정기적금 이자를 더한 금액을 퇴직일로부터 1년이 지났을 때 한꺼번에 되돌려 받는 제도이다.

보건복지부는 당초 10월로 예정된 도시자영업자 연금확대와 동시에 이를 없앨 계획이었으나 실업대란을 감안해 2000년 9월까지만 한시적으로 시행키로 98년 3월 결정했다.

반면 노령연금의 경우에는 생애평균소득과 가입기간에 따라 결정된 연금액을 사망시까지 평생 받게 된다. 게다가

지급 중에도 연금의 실질가치를 보장하기 위해 물가인상율을 반영, 연금액이 상향조정되고 수급권자가 사망할 경우에는 유족연금으로 승계되기 때문에 훨씬 유리하다는 것이다.

예컨대 월 소득이 1백6만원인 사람이 처음 5년간은 소득의 3%, 나중 5년간은 6%씩 모두 10년간 보험료를 냈다면 납부액은 5백72만4천원이 된다. 그가 받을 수 있는 반환일시금은 8백33만3천원. 그러나 5년간을 추가로 가입해 최소 수급기간인 15년을 채우고 60세부터 15년간 연금으로 받는다면 총수령액은 6천6백95만8천원(98년 3월 현재가치 기준)이 된다. 한달에 37만2천원씩을 받게 되는 셈이다.

보건복지부는 98년 2월 국민연금법 개정안을 확정하면서 연금수급을 위한 최소가입기간을 현행 15년에서 10년으로 낮췄다. 개정안은 10월 1일부터 시행될 예정이다.

따라서 가입기간이 8∼9년인 사람은 실직했더라도 반환일시금을 받지 않고 임의가입을 신청, 10년을 채운 뒤 노령연금을 받는 것이 훨씬 유리하다.

문의 국민연금관리공단 ☎02-240-1114

네번째 글

재취업, 이렇게 하면 성공한다

취업성패 달린 직업훈련,
어떤 과정을 선택할까

　실직자의 재취업과 창업을 돕기 위한 무수한 직업훈련 과정이 나와 있지만 막상 어떤 것을 선택해야 할지 갈피를 잡기 어려운 것이 사실이다.

　우선 차분하게 각 과정의 내용과 장단점을 냉정히 비교해 보고 자신에게 가장 잘 맞는 과정을 선택해야 한다. 한 번 발을 잘못 들여 놓으면 많은 시간과 정력의 손실을 감수해야 하고 중도에 특별한 사유없이 수강을 포기하면 다른 교육을 받을 기회도 1년간 박탈되기 때문이다.

◆ 고용보험 사업장 실직자대상 직업훈련

　직업훈련기관·노동부지정 교육훈련기관·대학·전문대·고용촉진훈련학원 등에서 재취업과 창업에 관한 다양한 과정을 내놓고 있다.

실업급여를 받을 수 있는 기간이 끝난 사람이나 실업급여를 받지 못하던 실직자가 훈련에 참가하면 최고 월 38만 4천원의 훈련수당도 받을 수 있다.

최저임금의 70%인 23만 4천원에 가족수당(부양가족 1인당 3만원씩 4인까지)과 교통비(3만원)을 더한 액수다.

문의 각 지방 노동관서 고용보험과 ☎69쪽 참조

❖ 고용보험 비적용 실업자대상 직업훈련

지방자치단체가 위탁 실시하는 고용촉진훈련이나 한국산업인력공단의 직업전문학교가 실시하는 기능사훈련 등을 받을 수 있다.

고용촉진훈련은 주부·전역예정자·미취업 신규실업자 등이 대상이며 직업훈련기관·대학·전문대·사설학원 등에서 실시하고 있다.

신청은 거주지 읍·면·동사무소에서 받는다.

기능사 훈련은 산업인력공단 산하 직업전문학교에서 정밀기계가공·산업설비 등 35개 직종의 훈련을 6개월 야간과정으로 실시중이다. 모집은 수시로 하며 실직자와 명예퇴직자에게 우선권이 있다.

그간 고용보험 실직자만을 대상으로 실시하던 대학·전

문대·재취업교육과정도 98년 5월부터 문호가 개방됐다.

문의 각 지방 노동관서 고용보험과 ☎69쪽 참조

❖ 모든 실업자대상 직업훈련

창업훈련과 영농직업훈련은 고용보험 가입여부와 관계없이 모든 실업자가 참가할 수 있다.

창업훈련은 한국산업인력공단 산하 중앙인력개발센터와 상공회의소 산하 직업훈련기관 등에서 강좌를 열고 있다.

영농직업훈련은 전국 시·군 농촌지도소나 농촌진흥원, 농·축협, 대학·전문대 등에서 실시 또는 준비중에 있다.

문의 한국산업인력공단 중앙인력개발센터 ☎02-3271-9136~9

❖ 주의사항

이사를 가거나 질병을 앓는 등의 특별한 사유없이 수강을 중단하면 1년간 교육기회가 박탈된다. 애초에 선택할 때 신중을 기해야 할 필요가 있는 것이다.

동시에 2개 이상의 과정을 수강하거나 교육기관을 바꿔가면서 같은 강좌를 두 차례 이상 듣는 것도 금지돼 있다.

교육기회를 고루 주기 위해 노동부가 연간 수강회수도 제한할 방침인 만큼 강좌선택은 점점 중요해지고 있다.

고용보험 비적용자는
고용촉진훈련을 노크하라

당신이 5인 미만 사업장 근로자이거나, 한번도 취업한 적이 없는 상태에서 새로 노동시장에 뛰어든 신규실업자라면 고용보험이 적용되지 않는다.

따라서 고용보험의 3대 사업 중 하나인 직업능력개발 프로그램에 참가할 수 없다.

하지만 실망할 필요가 없다. 고용보험 비적용자를 위해 지방자치단체가 훈련대상인원을 선발, 실시하는 고용촉진 훈련 제도가 있기 때문이다. 이 제도는 생활보호대상자·농어민 전업대상자 등 저소득층 위주로 실시돼 왔으나 98년 3월 25일 국회에서 통과된 추경예산에서 2백 86억원의 재원이 확보돼 대상인원이 97년의 1만 5천명에서 5만명으로 크게 늘어났다.

한국산업인력공단 산하 직업전문학교·기능대학 등의 공

공 훈련기관과 지방자치단체 지정학원 등에서 자동차정비 ·용접 등 1백여 직종 중 원하는 직종의 훈련을 받을 수 있다.

시·도별로 접수를 받으므로 희망자는 읍·면·동 사무소에 찾아가 고용촉진훈련등록표와 신청서를 작성하면 된다.

실직자·신규실업자·주부 등의 순으로 우선순위가 가려지며 같은 조건이라면 재산세와 종합토지세 합계액이 적은 사람에게 우선권이 주어진다. 훈련 희망직종과 같은 계열의 자격증을 가진 사람은 제외된다.

특히 직업전문학교를 수료하면 기능사 2급 수준의 자격증을 취득할 수 있다.

정밀기계·금형·캐드-캠·산업설비·전기제어·산업전자·건축의장·도자기공예·인쇄·금속·냉동·자동차정비·기관정비·귀금속공예·건축시공·산업디자인·표면처리·도장 등 18개 공과 44개 학과가 개설돼 있다. 이론과 실기의 비율은 7대 3이다. 1년간 교육비 전액이 무료이고 통학이 원칙이나 원할 경우 1백% 숙식을 제공한다.

교육을 수료하면 월 80만~90만원 정도의 급여를 받고 취직한다. 여성과 군 전역예정자를 대상으로 한 특별과정도 있다.

부산·인천·원주·강릉·정선·충주·이리·순천·김천·포항·영주·창원·울산·진주·경기·강원·충북·

충남·전북·전남·경북·제주 직업전문학교가 있다.

만 29세 미만이면 누구나 응시할 수 있다. 전형은 면접과 신체검사뿐으로 필기시험은 없다. 매년 2월경에 모집공고가 나가며 3월부터 과정이 시작된다.

고교 2학년 이수 예정자로 학교장이 추천하는 재학생은 해당학교와 직업전문학교를 연계한 「기술습득→자격증취득→취업보장」의 코스를 밟게 된다. 지체장애자도 교육에 지장이 없으면 입학이 가능하다. 귀금속공예 같은 특정학과에는 장애인을 위한 특별시설도 있다.

문의 한국산업인력공단 민원실 ☎ 02-3271-9190
　　　　능력개발국 ☎ 02-3271-9102~12
　　　　휴일엔 ☎ 02-716-6311

고용보험 비적용 실직자는 대학·전문대 등서 무료 재취업 교육을

IMF시대를 맞아 연일 쏟아져 나오고 있는 실직자 4명 중 1명은 고용보험이 적용되지 않는 사람들이다. 그런데 대부분의 재취업·창업교육은 고용보험 가입 실직자들에게 만 적용되고 있다.

실업급여조차 못받아 가뜩이나 한이 맺혀 있는 고용보험 비적용 실직자들은 "정부가 나를 버렸다"고 원망하는 경우도 많다. 하지만 이들에게도 기회가 전혀 없는 것이 아니다.

고용보험을 적용받지 못하는 실직자들을 주대상으로 한 무료 재취업교육이 98년 7월 6일부터 교육부 주관으로 실시되고 있는 것이다. 고용보험 적용 실직자들에게도 수강기회가 열려 있다.

이 과정은 실업계 고교와 전문대·대학·기술계 학원·학점은행제 운영기관 등 2백16곳에서 제공하며 비용은 전액 국가부담이다. 최장 6개월(4백80시간)짜리 교육과정 2백63개가 준비되어 있다.

◆ 교육대상자

- 5인 미만 사업장에서 상용근로자로 일하던 실직자
- 5인 이상 사업장에서 상용근로자로 일하던 실직자 가운데 실업급여 대상이 아닌 사람
- 임시·시간·일용직 가운데 실직자
- 실직 자영업자

◆ 교육내용

교육부가 희망기관에 대해 교육비를 우선 지원하겠다고 밝힌 순위는 다음과 같다.

I 순위 : 당장 취업전망이 밝은 프로그램. 산업체 인력수요 조사에 기초해 산업체와 양성·고용계약을 체결한 과정이 해당된다.

2순위 : 산업체 및 지역사회의 경제동향 조사에 기초한
       교육프로그램으로서 취업보장은 어려우나 교육을
       받으면 취업전망이 있는 분야
3순위 : 향후 2, 3년내 취업전망이 밝은 분야

❖ 교육수당 지급

월 교육시간이 40시간 이상이고 교육기간이 1개월 이상인 프로그램에 참가해 4분의 3 이상을 출석한 교육생에 대해서는 다음과 같이 교육수당을 지급한다.

〈표 1〉 교육수당 지급액(월 교육시간별 차등지급)

월 교육시간	지급액
40~49시간	4만원
50~59시간	5만원
60~69시간	6만원
70~79시간	7만원
80시간 이상	8만원

◆ 검정고시 시험과목 면제

고졸학력 미만의 실직자가 5개월 이상 또는 총 4백시간 이상 재취업교육과정을 이수하면 2001년 2월말까지 한시적으로 고입·고졸 검정고시의 일부 과목 시험을 면제해준다.

고입검정고시의 경우 총 8개 과목 중 3개 과목이 면제됨으로 도덕·국어·사회·수학·영어 5개 과목만 합격하면 된다.

고졸(대입) 검정고시의 경우 총 9개 과목 중 5개 과목이 면제돼 윤리·국어·공통수학·공통영어 등 4개 과목만 치르면 된다.

이밖에 교육생은 교육기관에서 수강증을 발부받아 도서관·전자계산소·식당 등 학교·학원의 편의시설을 이용할 수 있다.

◆ 등록절차

교육희망자는 지방노동사무소에서 고용보험 비적용자임을 입증하는 확인서를 발부받아 교육기관에 등록하면 된다.

교육부에서는 98년 한해 동안 약 2~3만명이 이 교육에 참가할 것으로 예상하고 있다.

❖ 교육부 시행 실직자 재취업 교육기관

교육기관	전 화	교육프로그램	실기기간

▨ 서울지역

교육기관	전 화	교육프로그램	실기기간
단국공고	02-566-2951	전기공사 Auto CAD	98.8-12 98.8-12
수도전기공고	02-577-5742	수변전설비 기계공작	98.8-12 98.8-12
서울공과전기학원	02-676-1114	전기공사	98.7-12
동아자동차중장비학원	02-678-0003	자동차정비	98.8-12
수도간호조무사학원	02-966-0300	치매노인 관리 및 호스피스	98.8-11
한국항공기술전문학원	02-764-6164	항공장비 조립 및 항공기정비	98.7-12
제일열관리기술학원	02-762-8292	보일러취급기능사 2급	98.7-12
한국비파괴검사학원	02-848-1511	방사선투과검사과	98.7-12
선경정보처리학원	02-602-5202	오피스전문가과정	98.7-12
금강정보처리학원	02-419-1117	컴퓨터응용기계설계	98.7-12
노라노복장학원	02-744-1300	한복과	98.7-12
나래디자인학원	02-744-4114	전자출판편집	98.7-12
예림미용학원	02-745-6688	미용	98.7-12
동아요리학원	02-678-5547	양식요리	98.7-12
수도요리학원	02-762-8282	한식, 양식, 일식요리	98.7-12
배윤자요리학원	02-488-7390	한식요리	98.7-12
태평양건축학원	02-636-0092	전자응용건축제도기능사	98.7-12
아트센터 디자인학원	02-711-8888	멀티미디어/타이틀/기획	98.7-12
구미컴퓨터학원	02-733-1031	애니메이션 과정	98.7-12
아주전자 TV기술학원	02-266-3735	무선통신 및 정보통신반	98.7-12
제일전자학원	02-922-2443	컴퓨터하드웨어 및 PC 조립	98.7-12
삼성멀티캠퍼스	02-3429-5555	IP창업	98.8-11
서울자동차중장비학원	02-796-2245	중장비정규반(운전, 정비)	98.7-12

강북정보처리학원	02-357-3210	정보기기운용 기능사	98.7-12
현대자동차중장비학원	02-983-1199	자동차정비	98.7-12
동원전자 TV학원	02-678-9011	전자과	98.7-12
동원미용학원	02-962-3491	미용	98.7-12
라미미용학원	02-677-1704	미용	98.7-12
예일디자인학원	02-764-7100	캐릭터	98.7-12
국제전자 TV공과학원	02-967-0081	전자계산기(컴퓨터기기)	98.7-12
수도전자통신학원	02-678-0536	정보통신	98.7-12
한국보석학원	02-753-9383	귀금속가공	98.7-12
한국소방안전기술학원	02-235-2626	고압가스	98.7-12
한국간호조무사양성학원	02-924-7891	간병인	98.7-9
삼육간호보건대학	02-212-0203	간병인 및 산후조리사	98.9-11
동양공업전문대학	02-610-1705	전자기계설계	98.7-10
〃	〃	전자제어	98.7-10
한양여자대학	02-290-2019	조리기능	98.9-12
명지전문대학	02-300-1000	컴퓨터제어	98.9-12
광운대 전산사회교육원	02-940-5274	정보·통신전문교육	98.9-12
건국대학교 사회교육원	02-450-3266	주택관리사	98.7-10
〃	〃	제과·제빵	98.7-8
경기대학교	02-390-5260	2급 지배인	98.9-12
〃	〃	호텔 경영	98.9-12
〃	〃	항공여행사전산실무	98.9-12
경희대학교 사회교육원	02-961-0870	국제관광가이드(영어)	98.9-12
〃	〃	국제관광가이드(일어)	98.9-12
동덕여자대학교	02-940-4260	미용	98.9-12
〃	〃	조리기능사	98.8-10
〃	〃	메이크업디자인	98.9-12
한영신학대학교	02-616-4091	전산과정	98.7-9

◪ 부산지역

동래원예고	051-553-9382	원예교육	98.7.6-8.14
새서울요리학원	051-806-3800	한식요리	98.7.10-12.10
한국전기학원	051-803-4500	동력배선	98.8.1-11.31
부산공예학원	051-468-1896	공예	98.7.12-12.31
동의공업대학	051-860-3114	공작기계조작원양성	98.7.6-12.19
동주대학	051-208-2611	양장기능사 및 한복기능사	98.7.13-12.26
부산대학교	051-510-1353	멀티미디어전문가과정	98.7.20-9.12
부경대학교	051-620-6007	자동차정비기사자격취득	98.7.6-8.28
〃	〃	어패류양식전문가양성	98.7.6-8.10
경성대학교	051-622-5331	멀티미디어타이틀제작 PD	98.10.1-12.26
동아대학교	051-200-6114	공장자동화전문가	98.9-10

◪ 대구지역

영진전문대학	053-943-1906	CNC정밀 가공기술	98.8.3-11.30
영남전문대학	053-650-9188	금형설계 CAD	98.9.7-11.28
〃	〃	주물조형	98.9.7-11.28
영남대학교	053-624-4442	소자본점포창업	98.7.6-9.26
대구대학교	053-650-8325	관광통역 및 가이드	98.7.6-11.21

◪ 인천지역

운봉공고	032-764-7034	전기공사	98.7.20-11.20
부평공고	032-526-0731	굴삭기	〃
계산공고	032-552-2032	제빵	〃
현대건축설계학원	032-874-9950	전산응용건축설계	98.7.27-12.22
인천전문대학	032-760-8957	건축설계 및 실내장식기술	98.7.13-9.12
〃	〃	전기설계 및 설비기술	〃

인천전문대학	032-760-8957	기계기술	98.7.13-9.12
〃	〃	기계설계기술	〃
〃	〃	전자회로설계기술	98.7.13-10.12
〃	〃	토목기술응용	98.7.13-9.12
〃	〃	인쇄기술다기능	〃
〃	〃	정보처리기술	〃
인하공업전문대학	032-870-2045	자동차정비 및 검사과정	98.7.6-8.28
〃	〃	정보검색사과정	98.7.6-7.31
재능대학	032-770-1031	수질환경기사 2급	98.7.13-8.28
〃	〃	공업화학기사 2급	〃
경인여자대학	032-540-0065	응급처치 및 인명구조과정	98.9.1-10.31
〃	〃	환경감시지원반과정	〃
인천대학교	032-770-8062	정보검색과정	98.7.13-9.12
〃	〃	유통 및 물류관리	〃
인하대학교	032-860-8291	SOHO창업스쿨	98.7.13-10.2
〃	〃	간병인	98.7.13-8.7
〃	〃	관광통역가이드과정	98.7.13-11.9

■ 광주지역

전남공고	062-954-1779	용접	98.7.6-12.31
전남여상	062-573-8811	워드프로세서 2급	98.9.1-11.30
광주공과학원	062-369-0790	비파괴검사	98.7.6-12.31
금성현대기술학원	062-223-6800	승강기보수	98.7.6-12.31
송원대학	062-360-5700	조리사	98.7.13-10.3
전남대학교	062-530-3701	컴퓨터그래픽스기능사과정	98.7.27-12.24
호남대학교	062-940-5710	CAD 및 전산응용과정	98.9.1-12.31

▰ 대전지역

대전아카데미학원	042-222-3333	실내건축 및 그래픽디자인	98.7.15-12.30
배재대학교	042-520-5777	전기기사 및 전기공사기사	98.7.20-11.17
대전산업대학교	042-630-0257	비파괴검사	98.7.13-8.29

▰ 경기지역

안산공고	0345-82-8955	전기용접	98.9.1-12.4
산본공고	0343-95-0652	건설기계운전	98.8.1-12.31
평촌정산고	0343-87-0271	실내건축	98.9.9-11.30
안산여자정산고	0345-408-0902	O · A 과정	98.7.20-9.20
김포정산공고	0341-84-7413	전기공사	98.9.1-12.31
〃	〃	기계조립	98.9.1-12.31
의정부공고	0351-874-1062	전기용접	98.7.13-8.31
동일공고	0333-53-6335	자동차정비	98.9.24-12.23
현대자동차정비중기학원	0342-751-7879	자동차정비	98.8.1-12.31
안산컴퓨터학원	0345-85-5555	AUTO CAD	98.8.1-11.30
남송컴퓨터학원	0343-49-7845	OA	98.9.1-12.31
부천전자기기학원	032-613-2386	전자기기조립	98.7.20-12.31
성남냉동열관리학원	0342-752-8347	열관리	98.8.3-12.31
한미컴퓨터학원	032-664-6706	정보기기	98.8.1-12.31
현대중장비운전학원	0331-256-0147	중장비운전	98.7.15-10.15
수원여자대학	0331-290-8061	제빵과정	98.7.9-9.3
〃	〃	간병인	98.7.20-8.14
서울보건대학	0342-40-7191	전자기기응용	98.7.6-12.19
신흥대학	0351-870-3508	서양조리	98.7.6-12.31
〃	〃	관광영어통역사	98.7.9-12.31
수원대학교	0331-220-2567	스포츠마사지과정	98.8.31-11.4

수원대학교	0331-220-2567	카이로프아틱과정	98.8.31-11.26
한양대학교 안산캠퍼스	0345-400-5833	기계공작	98.9.1-12.31
〃	〃	전산과정	〃
〃	〃	실내건축인테리어	〃
한국항공대학교	02-300-0061	정보처리사무	98.8.1-12.31
〃	〃	기계공작	98.8.1-12.31
용인대학교	0335-30-2800	운동처방	98.7.20-9.20

■ 강원지역

강원대학교	0361-250-7014	JAVA 프로그래밍실무	98.7.20-12.5

■ 충북지역

충북미용전문학원	0431-52-1636	미용	98.7.20-12.31
예일컴퓨터학원	0443-45-5394	정보처리	98.7.20-12.31
충북중장비자동차학원	0431-212-5500	자동차정비	98.7.20-12.31
서울전자통신공과학원	0441-848-0764	선로설비	98.7.20-12.31
청주냉동열관리기술학원	0431-274-6659	보일러기능사	98.7.20-12.31
중앙요리학원	0441-44-4984	조리기능사	98.7.20-12.31
청주전문대	0431-279-4000	경영·유통	98.7.20-12.19
청주기능대학	0431-279-7410	CNC 머시닝센터	98.7.20-12.19
충북대학교	0431-61-2075	양재사	98.7.20-12.31

■ 충남지역

논산공고	0461-736-1632	자동차수리	98.7.6-12.19
신풍종합고	0416-841-0912	건축도장	98.7.6-12.19
대천여자상업고	0452-34-1701	컴퓨터	98.7.6-9.26
태안여자상업고	0455-72-1143	오피스 및 인터넷과정	98.7.20-9.11
대천수산고	0452-32-3471	선박조종사	98.7.20-10.10.

48. 고용보험 비적용 실직자는 대학·전문대 등서 ······ **235**

천안공업전문대학	0417-550-0209	용접전문가 과정	98.8.17-12.26
"	"	금형기술자과정	98.8.3-12.16
"	"	PC 조립 및 응용	98.7.13-12.25
공주대학교	0458-32-2481	농업기계정비	98.7.20-9.12

▨ 전북지역

전북기계공고	0653-840-5300	용접실습	98.7.15-12.31
로그디자인교육센터	0652-226-2274	실내건축인테리어	98.7.15-12.31
태양만화영화학원	0653-51-3645	만화영화	98.7.15-12.31
벽성대학	0658-540-2300	목공	98.7.15-12.31
전북대학교	0652-270-2481	축산과정	98.9.1-10.31
원광대학교	0653-850-5512	산업디자인	98.7.15-10.31
"	"	컴퓨터속기	98.7.15-10.31
전주대학교	0652-220-2642	물류관리사	98.7.15-8.31

▨ 전남지역

순천여상	0661-743-0032	정보처리과정	98.7.6-12.30
목포기계공고	0631-73-6131	CNC 선반	98.8.3-12.19
여수공고	0662-660-2533	자동차정비	98.7.2-12.31
금성전산컴퓨터학원	0638-33-7687	정보통신	98.7.10-12.31
전남과학대학	0688-60-5000	미용사 양성과정	98.7.16-11.16
목포대학	0636-450-2052	선박기술인력교육	98.9.1-11.30
"	"	식품가공제품제조규격화 및 인허가관련교육	98.9.7-12.31

▨ 경북지역

경북과학대학	0545-971-9001	귀금속장신구디자인가공	98.7.27-11.30
"	"	친절도우미	98.7.27-10.31

◢ 경남지역

밀양산업대학	0527-50-5231	환경기능사	98.7.1-8.31

◢ 제주지역

한림공고	064-96-3212	공조(고압가스·냉동기계)	98.7.6-12.30
한라컴퓨터학원	064-94-2069	정보통신	〃
한라자동차정비기술학원	064-58-2474	자동차정비	〃
제주관광대학	064-40-8700	한식조리	98.7.6-10.30
제주대학교	064-54-2704	중국어통·번역	98.7.6-12.30

<u>문의</u> 교육부 산업정책교육과 ☎ 02-3703-2900

49

화이트칼라 실직자, 대학·전문대 훈련과정이 기다린다

주로 화이트칼라 실직자를 위한 대학·전문대 실직자 재취직훈련과정도 참가할 만하다. 훈련수당까지 받으면서 대학·전문대의 우수한 강사진과 시설을 활용한 취업훈련을 받을 수 있는 것이 장점이다.

98년 6월 현재 노동부로부터 강좌개설 승인을 받은 곳은 전국 54개 대학(대학 16개교, 전문대 38개교)이다. 준비된 프로그램은 2백52개, 훈련기간은 대부분 3~12개월이다.

1주 과정의 간병인 양성에서부터 1년 과정의 정보처리·실내디자인·컴퓨터그래픽에 이르기까지 재취업을 위한 다양한 강좌를 들을 수 있다. 소자본창업·여성용품창업 등 창업희망자를 위한 강좌도 꽤 많이 개설돼 있다.

노동부에 따르면 강좌개설을 준비중인 대학이 상당수에

이르고 있어 시간이 지날수록 선택의 폭이 더욱 넓어질 것으로 예상된다.

그런데 이들 강좌는 고용보험 가입 실직자만 수강할 수 있다. 대학별로 심사를 통해 선발하지만 대부분 수강생을 선착순으로 뽑기 때문에 모집이 시작되면 가능한 한 빨리 신청해야 한다.

모집이 끝났더라도 실망하지 말고 대기자 명부에 이름을 올려 놓을 필요가 있다. 정원의 20%까지 초과모집이 가능하고 결원이 생길 경우 전 교육과정의 5분의 1이 지나지 않은 시점에선 충원이 허용되기 때문이다.

수강료는 전액무료지만 표준훈련비를 초과하는 경우 훈련생이 이를 부담해야 한다. 고용보험 적용 사업장에서 실직한 사람은 매달 최고 38만4천원까지의 훈련수당을 받을 수 있다. 고용보험이 적용되지 않는 사람은 매달 8만원씩 지급된다.

10여개 대학이 기업체·지자체와 컨소시엄을 구성했고 훈련이수자에게 대해 업체와 취업을 보장하는 약정을 체결한 대학도 10여곳에 이른다.

문의 노동부 능력개발과 ☎02-503-1765

('98. 5. 11)

■ 국민대학교 사회교육원

훈련과정	일 정	훈련시간		합숙 여부	훈련인원			연락처
		합계	1일		계	정원	학급수	
귀금속경영자 과정 (귀금속관리사 자격증준비과정)	5.1~ 8.30			비합숙	60			(02) 910-4336
보석감정사과정 (국가감정사자격 시험대비과정)	5.1~ 8.30			〃	60			
귀금속제공사 (2급기능사자격 시험대비)	5.1~ 8.30			〃	60			
보석디자이너 (자격증대비과정)	5.1~ 8.30			〃	60			
자연환경안내자 과정 (자격증대비과정)	5.1~ 7.31			〃	40			
목조주택시공 (자격증대비)	5.1~ 7.31			〃	30			
컴퓨터전문가과정 Alntranct /Network	5.1~ 10.31			〃	30			
컴퓨터전문가과정 B.Client /Serbver	5.1~ 10.31			〃	30			

◾ 안양대학교

훈련과정	일 정	훈련시간		합숙 여부	훈련인원			연락처
		합계	1일		계	정원	학급수	
관광종사원 자격증취득과정	'98.9.1 ~11.20	528	4	비합숙	80	40	2	(0343) 67-0714
플라워아트 창업과정	'98.9.1 ~11.20	480	4	〃	70	35	2	
사진관 창업과정	'98.9.1 ~11.20	240	4	〃	80	40	2	
PC조립·수리기술	'98.9.1 ~11.20	240	4	〃	80	40	2	
SOHO벤처 마케팅창업과정	'98.9.1 ~11.20	240	4	〃	80	40	2	
컴퓨터그래픽스 운영기능사 취득과정	'98.9.1 ~11.20	240	4	〃	80	40	2	

◾ 한세대학교

훈련과정	일 정	훈련시간		합숙 여부	훈련인원			연락처
		합계	1일		계	정원	학급수	
소자본/SOHO 창업경영과정	'98.8.24 ~11.23	240	4	비합숙	80	40	2	(0343) 50-5197
세무·경리 (회계)실무과정	'98.8.24 ~11.23	240	4	〃	80	40	2	
전자출판과정 (DTP)	'98.8.24 ~11.23	240	4	〃	80	40	2	
컴퓨터OA 전문과정	'98.8.24 ~11.23	240	4	〃	80	40	2	

훈련과정	일 정	합계	1일	비합숙	80	40	2	
주택관리사과정	'98.7.13 ~9.12 '98.9.14 ~11.13	192	4	비합숙	80	40	2	
물류관리사 양성과정	'98.7.13 ~9.12 '98.9.14 ~11.13	192	4	"	80	40	2	

◤ 부산전문대학

훈련과정	일 정	훈련시간		합숙 여부	훈련인원			연락처
		합계	1일		계	정원	학급수	
전산실무 및 워드프로세서 자격증과정	'98.6.22 ~8.14	40						(051) 330-7080
유통경영자 및 물류관리사과정	'98.6.22 ~8.14	40						

◤ 성결대학교 사회교육원

훈련과정	일 정	훈련시간		합숙 여부	훈련인원			연락처
		합계	1일		계	정원	학급수	
주택관리사과정	'98.6.22 ~8.15	80	4	비합숙	80	40	2	(0343) 67-8256
	'98.8.24 ~10.17	80	4	"	80	40	2	
SOHO 창업과정	'98.7.20 ~10.10	80	4	"	80	40	2	
	'98.10.12 ~12.31	80	4	"	80	40	2	
컴퓨터 OA과정	'98.7.20 ~10.10	80	4	"	80	40	2	
	'98.10.12 ~12.31	80	4	"	80	40	2	

■ 충청전문대학

훈련과정	일 정	훈련시간 합계	훈련시간 1일	합숙 여부	훈련인원 계	훈련인원 정원	훈련인원 학급수	연락처
제과제빵사 과정	'98.6.18 ~9.4	350	6	비합숙	60	60	I	(0431) 235-4641
	'98.9.14 ~12.4	350	6	〃	60	60	I	230-2078 ~9
한식·양식 조리사과정	'98.6.15 ~9.4	350	6	〃	60	60	I	
	'98.9.14 ~12.4	350	6	〃	60	60	I	
헤어미용과정	'98.6.15 ~9.4	350	6	〃	60	60	I	
	'98.9.14 ~12.4	350	6	〃	60	60	I	
정보처리과정	'98.6.15 ~9.4	350	6	〃	60	60	I	
	'98.9.14 ~12.4	350	6	〃	60	60	I	
사무자동화· 세무회계과정	'98.6.15 ~9.4	350	6	〃	60	60	I	
	'98.9.14 ~12.4	350	6	〃	60	60	I	
SOHO과정	'98.6.15 ~9.4	350	6	〃	60	60	I	
	'98.9.14 ~12.4	350	6	〃	60	60	I	
벤처비즈니스 전문인력과정	'98.6.15 ~9.4	350	6	〃	60	60	I	
	'98.9.14 ~12.4	350	3	〃	60	60	I	

◤ 호남대학교 정보기술원

훈련과정	일 정	훈련시간		합숙 여부	훈련인원			연락처
		합계	1일		계	정원	학급수	
컴퓨터활용 전문가양성	'98.8.31 ~12.18	320	4	비합숙	40	40	1	(062) 940-5510
AUTO CAD 전문가양성	'98.8.31 ~12.18	320	4	〃	40	40	1	
프로젝트개발 전문가양성	'98.8.31 ~99.2.12	480	4	〃	40	40	1	

◤ 대전보건전문대학

훈련과정	일 정	훈련시간		합숙 여부	훈련인원			연락처
		합계	1일		계	정원	학급수	
스포츠 마사지과정	'98.9.1 ~11.30	6개월	3	비합숙	30	30	1	(042) 630-5734

◤ 주성전문대학

훈련과정	일 정	훈련시간		합숙 여부	훈련인원			연락처
		합계	1일		계	정원	학급수	
마이크로컴퓨터 H/W응용과정	'98.6.29 ~8.8	6주	4	비합숙	60	60	1	(0431) 210-8126~7
정보통신 CAD과정	'98.6.29 ~7.25	3주	8	〃	60	60	1	
PLC제어 기술과정	'98.6.29 ~7.25	4주	4	〃	60	60	1	
자동차정비 기술과정	'98.6.29 ~8.22	8주	8	〃	60	60	1	
산업 CAD 및 기계 실무 일반과정	'98.6.29 ~7.25	4주	6	〃	60	60	1	
PC활용능력과정 (PCT자격증과정)	'98.6.29 ~8.22	8주	5	〃	60	60	1	
무역경영자 과정	'98.6.29 ~8.8	6주	4	〃	60	60	1	

◤ 영남대학교

◑ 대명캠퍼스

훈련과정	일 정	훈련시간		합숙	훈련인원			연락처
		합계	1일	여부	계	정원	학급수	
WINDW & OA 과정	8.1~10.31 11.1~1.31	3개월	5	비합숙	90 90	30 30	3 3	(053) 810-3644
WP 자격증 과정	9.1~11.30 12.1~2.28	3개월	5	〃	90 90	30 30	3 3	
정보처리 과정	9.1~2.28	6개월	5	〃	90	30	3	
WP&OA 과정	10.1~3.31	6개월	5	〃	90	30	3	

◑ 경산캠퍼스

훈련과정	일 정	훈련시간		합숙	훈련인원			연락처
		합계	1일	여부	계	정원	학급수	
WINDW & OA 과정	8.1~10.31 11.1~1.31	3개월	5	비합숙	180 180	60 60	3 3	(053) 810-3644
WP 자격증 과정	9.1~11.30 12.1~2.28	3개월	5	〃	180 180	60 60	3 3	
정보처리 과정	9.1~2.28	6개월	5	〃	180	60	3	
WP&OA 과정	10.1~3.31	6개월	5	〃	180	60	3	

■ 호남대학교

훈련과정	일 정	훈련시간		합숙 여부	훈련인원			연락처
		합계	1일		계	정원	학급수	
벤처기업 창업스쿨	'98.6.15 ~6.25				40			(0418) 40-5246
무역실무연수	'98.6.15 ~10.15				40			
인터넷창업 과정	'98.6.16 ~11.16				40			
소자본 창업과정	'98.7.6 ~7.16				40			
세무회계실무	'98.6.16 ~12.12				40			
정보처리사	'98.6.16 ~12.11				40			
조리사과정	'98.6.23 ~9.5				40			
제과제빵기사 과정	'98.6.23 ~9.5				40			

■ 대유공업전문대학

훈련과정	일 정	훈련시간		합숙 여부	훈련인원			연락처
		합계	1일		계	정원	학급수	
인터넷 및 정보검색실무	6.1~8.21 9.7~11.27				60			(0342) 720-2151
OA 및 컴퓨터활용 실무(정보서비스)	6.1~8.21 9.7~11.27				60			

훈련과정	일 정	훈련시간		합숙 여부	훈련인원			연락처
		합계	1일		계	정원	학급수	
멀티미디어 응용 실무	6.1~8.21 9.7~11.27				60			(0342) 720-2151
전산응용설계 (기계, 건축)	6.1~8.21 9.7~11.27				60			

▨ 수원여자전문대

훈련과정	일 정	훈련시간		합숙 여부	훈련인원			연락처
		합계	1일		계	정원	학급수	
헤어전공	'98.6.29 ~8.21				30			(0331) 290-8061
피부관리	'98.6.15 ~9.5				30			
한식조리	'98.6.1 ~7.27 '98.7.6 ~8.29				30			
제빵전공	'98.7.6 ~8.29				30			

▨ 전북대학교

훈련과정	일 정	훈련시간		합숙 여부	훈련인원			연락처
		합계	1일		계	정원	학급수	
간병사	8주				60			(0652) 270-2116~7
제과제빵기능사	8주				30			
한식요리기능사	8주				30			

훈련과정	일 정	훈련시간		합숙 여부	훈련인원			연락처
		합계	1일		계	정원	학급수	
서양식요리기능사	8주				30			
CAD /CAM	10주				20			
응용프로그래머 양성과정	12주				30			
마이크로프로세서 훈련과정	12주				20			
반도체설계과정	12주				20			
화학제품공정 전문교육	6주				20			
품질관리사 양성과정	12주				30			

◧ 전주대학교

훈련과정	일 정	훈련시간		합숙 여부	훈련인원			연락처
		합계	1일		계	정원	학급수	
소자본창업	2주				40			(0652) 220-2642
컴퓨터활용능력	8주				40			
물류관리사	4주				40			
품질경영진단 (ISO 9000)	2주				40			
건설기능사 (콘크리트, 조적, 타일)	2주				40			
손해사정인	9주				40			
주택관리사(주)	7주				40			
주택관리사(야)	7주				40			

◤ 가톨릭 상지대학

훈련과정	일 정	훈련시간		합숙 여부	훈련인원			연락처
		합계	1일		계	정원	학급수	
제 빵	'98.9.2 ~11.19				30			(0571) 851-3072
공업전자	'98.6.22 ~8.22				40			
귀금속가공	'98.6.22 ~8.29				20			
공장자동화	'98.6.22 ~8.22				20			
동력배선	'98.6.22 ~8.22				20			
무선설비	'98.6.29 ~8.7				40			
정보처리	'98.6.22 ~8.22				40			

◤ 동아대학교 사회교육원

훈련과정	일 정	훈련시간		합숙 여부	훈련인원			연락처
		합계	1일		계	정원	학급수	
조리사양성	12주	72	2	비합숙	60	30	2	(051) 200-6651~3
소자본창업	6주	36	3	〃	60	60	1	
벤처기업 강좌	6주	36	3	〃	60	60	1	
선물거래중개사	6주	36	3	〃	60	60	1	
정보처리기사	15주	292	4	〃	40	40	1	

훈련과정	일 정	훈련시간		합숙 여부	훈련인원			연락처
		합계	1일		계	정원	학급수	
마이크로소프트 공인자격	16주	320	4	〃	40	40	1	
공인자동화 전문가	4주	80	4	〃	40	40	1	
정보검색사	2주	40	4	〃	80	40	2	
고급토목기술	2주	60	6	〃	60	60	1	

◤ 영남전문대학

훈련과정	일 정	훈련시간		합숙 여부	훈련인원			연락처
		합계	1일		계	정원	학급수	
GPS위성 측량 양성과정	'98.6.15 ~7.18				40			(053) 650-9107
	'98.7.27 ~8.22				〃			
	'98.8.31 ~9.26				〃			
	'98.10.5 ~10.31				〃			
	'98.11.9 ~12.5				〃			

◤ 계명전문대학

훈련과정	일 정	훈련시간		합숙 여부	훈련인원			연락처
		합계	1일		계	정원	학급수	
국내여행인솔자 양성과정	'98.6.22 ~8.30				100			(053) 620-2606
	'98.9.7 ~11.10				〃			

■ 대구대학교

훈련과정	일 정	훈련시간		합숙 여부	훈련인원			연락처
		합계	1일		계	정원	학급수	
종소기업전산화 및 인터넷홈페이지 구축전문가과정	'98.6.22 ~12.14				40			(053) 627-2944
전자상거래(EC) 전문가과정	'98.6.22 ~12.18				40			
관광인솔자 과정	'98.6.22 ~10.18				40			
관광통역 및 가이드과정	'98.6.22 ~10.18				40			

■ 인제대학교

훈련과정	일 정	훈련시간		합숙 여부	훈련인원			연락처
		합계	1일		계	정원	학급수	
전자출판 및 인쇄실무	'98.7.1 ~12.31	480	4	비합숙	15			(0525) 34-7111
멀티미디어 디자인	'98.7.1 ~12.31	480	4	〃	15			
벤처·중소기업 창업연수	'98.7.6 ~7.12 '98.11.16 ~11.22	40	4	〃	50			
간병사	'98.6.29 ~8.22 '98.8.31 ~10.24 '98.10.26 ~12.19	200	5	〃	20			
도 배	'98.9.1 ~11.30 '98.12.1 ~'99.12.1	325	5	〃	60			

◤ 구미전문대학

훈련과정	일 정	훈련시간		합숙 여부	훈련인원			연락처
		합계	1일		계	정원	학급수	
정보처리	'98.8.20 ~11.19	240	4	비합숙	30	30	1	(0546) 50-1430

금융기관 실직자 기다리는 경제전문가과정

금융기관에 종사했던 실직자들은 증권업협회와 금융연수원이 마련한 경제전문가 재취업 과정을 노크해볼 만하다.

◆ 증권업협회

재테크 창업·투자상담사·증권분석사·세무전문가 등 4개 과정이 실직자를 기다리고 있다. 이미 4월 13일부터 1차교육이 시작됐으며 2차교육은 8월 31일부터 실시될 예정이다. 증권연수원의 교수, 은행 등 전문기관의 현직 간부 등 쟁쟁한 전문가들이 강의를 맡고 있어 자격증 취득과 재취업에 필요한 지식을 얻을 수 있다.

기간은 재테크 창업과 투자상담사 과정이 2개월, 증권분석사와 세무전문가 과정은 각각 3개월이다. 투자상담사와 증권분석사과정은 자격증 취득에 초점을 맞추고 있다.
월요일부터 금요일까지 주 5일간 서울 여의도 증권업협회
연수원에서 진행된다.

재테크 창업 과정과 증권분석사 과정이 오전 9시부터
오후 1시, 나머지 두 과정은 오후 2시부터 6시까지다. 정
원은 각 과정 모두 60명이다.

고용보험적용대상 실직자에게는 모든 과정이 무료이며
80% 이상의 출석율을 기록하면 교통비와 가족수당 등 최
대 월 38만 4천원까지의 훈련수당도 지급된다.

1차 교육 때는 참가 희망자가 몰려 평균 5대 1 정도의
치열한 경쟁률을 보였다. 노동교육원 관계자는 가급적 금
융기관에 종사했던 실직자들을 우선적으로 선발할 계획이
라고 밝혔다.

희망자는 노동부 산하 한국노동교육원으로 신청하면 된
다. 구비서류는 훈련수당이 지급될 통장사본과 사진 1매다.

문의 한국노동교육원 노사교육부 ☎ 02-504-3941~2
한국증권업협회 ☎ 02-767-2832

❖ 한국금융연수원

재무관리사와 금융정보검색사 과정을 각각 4주과정으로
개설중이다. 수강인원은 강좌당 40명, 수강료는 무료이며

고용보험의 훈련수당과 점심식사가 제공된다. 고용보험이 적용되는 금융기관에 종사했던 사람이면 수강할 수 있다.

문의 금융연수원 종합기획부 ☎ 02-3700-1513~6

◆ 한국국제금융연수원

금융 MBA 과정, 다국적 기업의 취업·전직을 위한 컨설팅과정, 외환전문가과정, 국제금융 기본과정, 기업신용분석 및 여신심사과정, 기업도산 예측을 위한 현금 흐름 분석과정, 수출입업무 전문가과정 등 7개 과정을 개설하고 있다. 무료이며 훈련수당도 지급된다.

문의 ☎ 02-393-0101, 051-441-0033

◆ 서울대학교 경영대 부설 증권금융연구소

35세 이상의 금융기관 5년 이상 종사자를 대상으로 선물 증권, 재무관리 등 금융이론을 위주로 하고 경영·경제학 일반이론과 미학·철학 등의 특강으로 구성된 2개월간의 단기금융 과정을 마련했다. 수강료는 무료이며 고용보험 적용 금융기관 종사자는 훈련수당도 받을 수 있다.

문의 ☎ 02-880-6854

재취업교육 받을 땐 민방위교육
유예·면제된다

재취업 교육을 받는 도중 민방위교육 통지서가 날아온다면 어떻게 할까. 전혀 당황할 필요가 없다. 일정이 중복되면 교육을 유예 또는 면제 받을 수 있기 때문이다.

행정자치부는 이를 위해 재취업 교육훈련기간에서 교육훈련기관이 2주 이상인 민방위대원의 명단을 파악, 관할읍·면·동장이 직권으로 교육을 유예토록 했다.

본인이나 가족이 민방위대장(통·리장)을 거쳐 주소지읍·면·동에 신청해도 읍·면·동장의 유예조치를 받을 수 있다.

이 같은 절차를 거쳐 교육을 유예받은 민방위대원의 재취업 교육기간이 해당 민방위 교육계획기간(상·하반기 구분) 이후까지 계속되면 민방위교육을 아예 면제받게 된다.

또 대상자들이 해당 교육기관이 발행한 교육확인서나 수강증 사본 등 재취업 교육훈련자임을 확인할 수 있는 서류를 제출하면 모두 인정 받을 수 있다. 행정자치부 집계에 따르면 98년 1월 기준 총 실업자 93만 4천명 중 민방위교육 대상(20~40세)은 39만 7천명 정도다.

문의 행정자치부 민방위훈련과 ☎02-3703-5140

창업교육 받고 사장이 되자

실직자들도 어엿한 사장님으로 변신할 수 있다. 그러기 위해선 창업교육을 받는 것이 좋다.

한국산업인력공단과 대한상공회의소·한국능률협회 등은 기술·기능과 관리능력을 배양해 소규모 제조업 창업에 도움이 되도록 하는 창업교육을 실시하고 있다.

고용보험 가입여부와 관계없이 참여할 수 있다. 훈련비는 전액 국가가 부담하지만 훈련수당은 전혀 없다.

◆ 한국산업인력공단 창업과정

일반과정과 전문과정의 2가지가 있다. 수강료는 무료이다. 2주코스인 일반과정은 사무직 실직자 등을 대상으로 체인점사업 등의 창업에 필요한 정보와 실무지식을 제공한다.

총 교육대상인원은 1천 5백여명으로 서울 중앙인력개발센터 및 전국 20개 직업전문학교에서 실시된다.

교육일정과 접수기간은 기관별로 다르다. 1개월과 3개월 코스로 돼 있는 전문과정은 기술·기능직 실직자를 대상으로 중앙인력개발센터에서 교육이 실시된다. 1개월짜리는 8월 24일부터 9월 26일, 3개월짜리는 6월 1일부터 27일까지 접수받아 각각 1백명씩 선발한다.

문의 한국산업인력공단 민원실 ☎ 02-3721-9190,
휴일엔 ☎ 02-716-6311

◆ 대한상공회의소 창업과정

전국 8개의 산하 훈련원에서 98년 중 총 1천명을 대상으로 창업실무 이론교육과 전문기술·기능훈련을 겸해 실시한다.

실직자가 아니더라도 수강이 가능하다. 병역미필자 등당장 창업하기 어려운 사람은 제외되지만 학력·남녀·연령 등의 제한은 없다.

선착순으로 모집하며 응시자가 많을 경우 모집정원의 10%를 늘릴 예정이다.

개설과정은 다음과 같다.

- 제조·건설업(보일러 시공·실내건축 등 8개 과정)
- 정보사업(네트워크 설비·소프트웨어 알선 등 6개 과정)
- 기타(전기기기 수리업 등 3개 과정)

창업절차·관련법·회계·금융·시장조사 등의 이론교육과 함께 해당분야의 전문기술·기능에 관한 훈련까지 동시에 실시하도록 프로그램이 마련된 것이 이 과정의 특징이다. 교육기간은 고압가스취급·철공·선반가공·중기정비대행 등 4개 과정이 6개월, 나머지는 모두 3개월이다. 교육일정은 이론 20%, 실기 80%로 구성돼 있다.

교재와 식사도 무료로 제공되며 홍천·옥천 훈련원 등은 희망자에게 기숙사도 무료로 개방된다.

문의 대한상공회의소 진흥부 ☎ 02-316-3416

◆ 한국능률협회 창업과정

실직자뿐만 아니라 재직자와 창업을 준비하는 일반인을 위한 강좌도 개설하고 있다. 노동부 인증을 받은 19개 과정을 포함해 총 26개 과정이 마련돼 있다. 이중 4개월짜리 장기과정은 실직자만을 대상으로 하며 2~8일짜리 단기과정과 3개월짜리 중기과정은 재직자를 대상으로 한다. 노동부 인증과정은 고용보험 적용 사업장 퇴직자·재직자라면 무료로 수강할 수 있다.

단 재직자의 경우는 소속회사에서 수강료를 납부해주면 나중에 노동부에서 환급해준다. 다른 과정은 수강료를 내야 한다. 일반인은 전 과정에 대해 소정의 수강료를 내야만 교육을 받을 수 있다. 주간·야간·주말반 과정도 있으므로 편한 시간을 선택해 강의를 들을 수 있다.

교과목은 공통과목과 전공과목으로 나뉘어져 있다. 공통과목 강의에서는 창업할 때 알아야 할 일반적인 내용을 배우게 되고 전공과목 강의에서는 창업분야별 전문교육을 받게 된다. 협회는 교육이수자에 대해서는 실제 창업 때까지 컨설팅서비스를 해주고 관련자료도 제공한다.

각 과정당 정원은 40명이지만 정원이 넘치면 분반(分班)하며 신청은 하루 전날까지 받는다. 개별회사가 이 강좌를 사내과정으로 도입하는 경우 훈련비 전액을 노동부에서 지원받을 수 있다.

문의 ☎02-3279-0122~4

숙식제공 받으면서 창업교육 받는다

실직자들이 숙식과 훈련수당을 제공받으면서 창업교육을 받는 합숙집체 창업과정도 한번쯤 참가해 볼만 하다.

우선 창업에 대한 체계적인 지식과 정보를 생생한 사례와 함께 접할 수 있다는 점에서 새 출발을 하려는 사람들에게는 더없이 소중한 기회가 될 수 있다.

뿐만 아니라 실직 이후 집을 떠나 비슷한 처지의 사람들과 함께 생활하면서 재기의 의지를 다지게 되므로 상당한 위안과 활력을 얻을 수 있다.

교육기간은 2박 3일에서 3주까지. 고용보험 적용 대상자는 7일 이상인 교육과정에 참여하면 숙식과 교육비는 무료이며 훈련수당도 받을 수 있다.

고용보험이 적용되지 않는 사람들은 자비로 참가할 수 있다.

노동부로부터 실직자 위탁교육기관으로 지정돼 합숙창업훈련을 시키고 있는 곳은 경기도 용인의 금호인력개발원과 대웅경영개발원, 경기도 마석의 마석산업연수원 세 곳이다.

◆ 금호인력개발원

소자본 창업과정(2주), 벤처·소호 창업준비과정(3주), 인터넷 정보검색사과정(2주), 정보처리기사 자격증과정(2주)을 개설하고 있다.

과정당 정원은 30~60명 수준이다. 최첨단 교육시설을 갖추고 있으며 실내헬스클럽·사우나시설·자율학습실 등 각종 부대시설도 교육생들에게 개방하고 있다. 또 취업알선기관과 연계해 수료생들에게 재취업도 알선한다.

문의 ☎ 0355-34-8400 교환 221~227

◆ 대웅경영개발원

창업실무과정(3박 4일)·인터넷 정보검색사과정(2주)·손해보험대리점 자격취득과정(9박 10일)을 개설해 놓고 있다.

창업실무과정은 사업 아이템 선정방법·창업자금 조달

방법·각종 창업지원제도·모의 경영훈련·창업성공 사례 발표 등의 내용을 담고 있다.

문의 ☎ 0335-34-2400

◈ 마석 산업연수원

한국산업훈련협회와 한국사업연구소가 공동으로 2박 3일간 소자본 창업교육과 창업자 양성교육 등 2개 과정을 개설하고 있다. 컨설턴트와 조교가 참가자들과 숙식을 함께 한다.

소자본 창업교육은 후보업종별 사업성 검토 및 분석·점포 찾는 법·각종 계약서 작성요령 등을 가르쳐준다.

창업자 양성교육은 성공창업 아이템개발·자금조달방법·영업전략 등을 알려준다.

문의 ☎ 0346-592-3600

귀농(歸農)으로 새롭게 출발하자

귀농도 IMF 시대를 헤쳐나가는 결정적인 대안이 될 수 있다.

실직의 아픔과 숨막히는 도시생활에서 해방돼 새로운 인생을 설계하기에는 정직하게 흙과 씨름하는 귀농만큼 매력적인 방법은 없다.

반가운 사실은 근래 들어 농지취득에 대한 규제가 거의 풀린 상태라는 점이다. 6개월 이상 거주요건과 취득농가가 집에서 20km 이내에 있어야 한다는 제한은 각각 94년 5월과 96년 1월에 폐지됐다. 토지거래허가구역도 98년 4월 전면 해제돼 농사를 지을 의지만 있으면 얼마든지 농지를 살 수 있게 됐다.

농림부는 98년 귀농인구가 97년 1천8백여 가구의 두 배 이상이 될 것으로 예상하고 있다.

그러나 농사를 쉽게 생각하고 아무런 준비없이 덤볐다가는 낭패하기 십상이다. 성공적인 귀농을 위해서는 각종 단체에서 실시하는 귀농교육 프로그램에 참가하는 것이 필수적이다.

훈련과정은

- 농지제도 · 농지구입절차 등의 기본교육
- 특용작물 · 채소 · 과수 · 축산 · 화훼 등의 영농기술
- 농기구 작동 · 수리
- 농장견학 · 영농체험학습

등으로 2~7일의 단기코스가 대부분이다. 귀농희망자에게 도움이 되는 교육프로그램을 운영하고 있는 기관은 다음과 같다.

◆ 농촌진흥청

경기도 수원시 권선구 서둔동 청사에서 4일간 합숙교육을 실시한다. 소득작목(배 · 사과 · 포도 · 분재 · 시설채소 · 육우 등) 전문기술 교육과정이 준비돼 있다.

문의 농촌진흥청 기술연수과 ☎ 0331-292-4259

◆ 도 농민교육원

I～3일간 지역특화작목교육·농업기계교육 등을 실시한다. 수강료는 무료이다.

[문의] 교육장소와 연락처는 다음과 같다.

- 경기 농민교육원 : 화성군 태안읍 기산리 315,
  ☎ 0331-32-0205
- 강원 농업기술연수원 : 춘천시 신부읍 유포 2리,
  ☎ 0361-242-5144
- 충북 농민교육원 : 청원군 가덕면 한계리 산 25,
  ☎ 0431-54-5082
- 전북 농민교육원 : 김제시 백구면 영상리 572-1,
  ☎ 0652-77-1283
- 전남 농민교육원 : 나주시 산포면 산제리 산 1-11,
  ☎ 0613-36-2124
- 경북 농민교육원 : 대구시 북구 동호동 516,
  ☎ 053-324-0969
- 경남 농업기술수련소 : 진주시 초전동 344 농촌진흥원내, ☎ 0591-758-0293
- 제주 농촌진흥원 : 제주시 연동 313-80,
  ☎ 064-41-6552

❖ 농촌지도소

교육내용은 농촌주택마련·농지매입·자녀교육·채소·꽃 등 작목별 현황과 전망 및 재배기술 등이다.

참가자들은 교육과정을 마친 뒤 원하면 작목별 우수농장에서 영농기술실습도 할 수 있다. 또 귀농희망 지역의 농촌지도소와 연계, 지속적인 교육과 기술지도를 받을 수 있다.

강의는 농촌지도소 강당에서 이틀 동안 이뤄진다. 수강료는 무료이다.

문의 해당 시군 농촌지도소로 문의하면 된다.
서울시 농촌지도소 ☎ 02-3462-5703

❖ 농협 세계화농업지도자 교육원

배·사과·포도·분재·시설채소·한우 등과 관련된 세계화농업기술과정이 연간 2회씩 실시된다. 98년 하반기에는 9월경에 있을 예정. 3박 4일간 합숙교육을 받게 되며 수강료는 5만3천원이다.

문의 안성교육원 : 경기도 안성군 공도면 신두리
☎ 0333-53-2531
창녕교육원 : 경남 창녕군 부곡면 부곡리 570
☎ 0559-521-0820

◆ 축협중앙회 귀농 축산인반

연간 2회에 걸쳐 2박 3일간 합숙교육형태로 운영된다. 98년 하반기의 경우 9월경으로 잠정 계획돼 있다. 수강료는 무료이다. 교육장소는 경기도 안성군 공도면 신두리 산 34-1 축협축산종합개발원이다.

문의 ☎ 0333-53-2031~2

◆ 전국농업기술자협회

표고·느타리·화훼·시설채소·특수가축·특용작물 등과 관련한 귀농 정착교육이 실시된다. 4일, 1개월, 6개월 과정이 있다. 수강료는 고용보험 적용 실직자는 무료, 비적용자는 1개월기준 10만원 정도다. 강의는 서울 용산구 동부이촌동에 위치한 협회에서 실시된다.

문의 ☎ 02-794-7270, 02-794-0764

◆ 재단법인 도드람·농사문화재단 부설 양돈연수원

귀농인을 위한 양돈전문교육이 연중 실시된다. 경기도 이천시 신둔면 지석리 28-13에 위치한 연수원에서 3박 4일 동안 합숙교육을 받게 된다. 수강료는 28만 5천원이

지만 본인부담은 7만 2천 6백원이며 나머지는 농림부에서 보조한다.

문의 ☎ 0336-32-0756

◆ 불교귀농학교

대한 불교조계종이 서울 종로구 견지동 조계종 사회복지재단 강의실에서 이론과 현장교육을 실시한다. 수강료는 5만원이며 부부가 함께 참석하면 7만원이다.

문의 조계종 사회복지재단 ☎ 02-734-0612~3

◆ 대전녹색연합

강의와 현장답사 등으로 교육이 이뤄진다. 수강료는 7만원. 부부가 함께 참석할 경우 10만원. 장소는 대전 녹색연합 충청본부 교육실.

문의 ☎ 042-253-3242

귀농과 관련된 일반적인 사항을 문의할 수 있는 기관은 다음과 같다.

- 농림부 귀농·고용지원단 ☎02-503-7283, 500-2928
- 농촌진흥청 기술연수과 ☎0331-292-4259
- 각 시·군 농촌지도소
- 농협중앙회 인력개발원 ☎02-397-6459
- 축협중앙회 ☎02-224-8461~9
- 각 시·도 농정과
- 전국 귀농운동본부 : ☎02-742-4611

귀농자에게 6.5% 이자만 받고
2천만원 빌려줍니다

　실직자들이 농촌으로 돌아가 영농사업을 할 경우에는 저리 융자혜택이 주어진다.

　귀농을 꿈꾸고 있는 사람들에게는 귀가 번쩍 뜨이는 소식이 아닐 수 없다. 이 제도는 98년 4월부터 시행되고 있다. 금융기관의 대출이 거의 이뤄지지 않고 있는 상황에서 연리 6.5%의 저리로 2천만원까지 대출을 받을 수 있는 만큼 상당히 매력적인 제도라고 할 수 있다.

　대출자격자는 97년 1월 이후 도시에서 농촌으로 귀향한 사람 가운데 논·밭 농사와 축산·채소·원예·환경 농업 등 각종 농업을 하려는 사람으로 제한된다. 영농창업 등 농업경영에 필요한 영농기반설비 및 농기계·비료·농약·유류 등 영농자재 구입비를 지원받게 되나 농지구입과 농가주택 구입은 지원대상에서 제외된다.

사업신청 및 계획서

가. 신청인 인적사항

성 명		(인)	연령	만 세	주민등록번호	
주 소					전 화	( )
동거가족	명(배우자,부,모,자녀 명)				주거상태	자가, 전세, 월세, 기타

나. 현재의 영농기반

구 분	농 지(평)			시 설		농 기 계	
	계	논	밭	종 류	규 모	종 류	규 모
소 유							
임 차							
계							

다. 사업계획

   ○ 사업명 : 귀농자 영농창업자금 지원사업
   ○ 세부사업계획

세부사업	규 모	투자계획(천원)			비 고
		합 계	융자지원금	자부담금	
계					

  * 세부사업은 논, 밭, 농업시설, 농기계등 영농기반을 종류별로 소유와 임차로
    구분 작성

라. 사업계획에 대한 농촌지도소의 평가의견

    (이 칸은 농촌지도소장이 작성하므로 사업신청자는 기입하지 말 것)

  * 평가의견은 대출취급기관의 신용조사결과를 반영하여 종합적으로 평가할 것

귀농자금을 대출받으려면 55세 이하의 사람으로서 농지를 구입해 영농 기반을 확보하고 영농 기초교육을 받아야 한다. 영농교육은 농업관련 교육기관(정부·지자체, 민간단체 포함)에서 실시한 영농교육이나 귀농자 교육을 포함하며 농축산계 고교 이상 졸업자는 영농교육을 이수한 것으로 간주된다.

그러나 정부에서 실시하고 있는 다른 정책자금을 받았거나 다른 산업에 종사하면서 농업을 부업으로 하는 사람은 대출을 받을 수 없다. 대출요건에 해당되면 가구당 2천만원까지 대출받게 된다. 상환조건은 2년 거치 3년 분할상환이다.

대출희망자는 해당지역 농촌지도소에 「사업신청 및 계획서」를 제출해 소장의 인정서를 받은 뒤 시·군청에서 대출자격 확인서를 받아야 한다.

이어 해당지역 농협에 확인서와 사업계획서를 제출하면 대출이 이뤄진다. 대출시 농협에서 요구하는 보증인과 담보를 별도로 제공해야 하는 등 다소 까다로운 절차를 각오해야 한다. 농림부는 귀농대출자금으로 2백억원을 조성해 모두 1천 가구에 대해 대출을 실시할 계획이다.

문의 농림부 농촌인력과 ☎02-503-7216, 02-503-7248

56

실력으로 정면 승부한다, 공무원 시험

공무원 시험에 도전하는 것도 IMF 시대를 이겨 내는 확실한 방법이 될 것이다. 공무원 사회에도 인력감축 바람이 불고 있기는 하지만 민간기업에 비하면 직업의 안정성이 높기 때문이다.

학력·경력을 따지지 않고 실력만으로 당락을 가르는 만큼 노력한 대로 성과를 거두는 보람도 기대할 수 있다.

그래서인지 98년 5월에 접수 마감된 7급 국가공무원시험은 평균 2백 4대 1이라는 사상 최고의 경쟁률을 기록했다. 그전까지의 최고 경쟁률은 96년의 1백 13대 1이었다.

직렬별로는 검찰사무직이 10명 모집에 7천 1백 90명이 지원해 7백 19대 1의 가장 높은 경쟁률을 기록했다. 가장 많은 인원을 뽑는 일반행정직은 80명 모집에 2만 94명이 몰려들어 경쟁률이 2백 51대 1이었다.

1998년 공무원채용 시험 일정

시험명	모집분야 및 채용 인원(명)	시험일	원서 접수	비 고
7급 행정·공안·기술직	행정 110, 관세 15, 교육행정(교회) 5, 감사 10, 외무행정 5, 교정(교회) 6, 교정(분류) 4, 검찰사무 10, 기계 5, 건축 5, 전기 5, 토목 15, 농업 5, 전산 50	9월 6일	5월 11 ~16일	만 20~35세
9급 행정·공안·기술직	24개 분야 총 1천 1백명	5월 31일	2월 19 ~28일	만 18~28세
지방 고등고시	서울 4, 부산 6, 대구 3, 인천 2, 광주 2, 대전 1, 울산 1, 경기 5, 강원 3, 충북 2, 충남 3, 전북 2, 전남 3, 경북 3, 경남 3, 제주 1	5월 17일	3월 2 ~21일	만 20~34세

◑ 지방공무원

서울시	7·9급 행정, 세무, 전산, 보건, 간호직. 7·9급 기술직	미정	미정	7·9급 행정, 세무, 기업행정, 전산직은 서울시에 주민등록이 1년 이상되어 있는 자로 9급은 만 39세 이하인 자. 기술직은 지역제한 없음

시험명	모집분야 및 채용 인원(명)	시험일	원서 접수	비 고
경기도	3회 : 7급 행정 8, 토목 3, 건축 2, 농촌지도사 10	9월 13일	7월 13 ~16일	만 39세 이하
대 전	2회 : 9급 행정 10, 세무 15	8월 23일	6월 22 ~27일	만 18~33세
	3회 : 7급 행정 5	9월 20일	7월 6 ~11일	만 20~38세
충 남	2회 : 8급 간호 2, 9급 임업 4, 토목 5, 건축 6	7월 12일	5월 25 ~30일	만 18~33세
	3회 : 9급 행정 5, 세무 20	8월 23일	7월 13 ~18일	만 18~33세
	4회 : 농업연구 — 작물 6, 식물환경 2, 임업 1, 농촌지도사 — 원예 1, 농업기계 1	10월 11일	9월 7 ~12일	만 20~38세
경 북	4회 : 9급 전산 2, 의료기술 6, 통신기술 1	9월 20일	6월 16 ~19일	만 18~33세 (의료기술·통신 기술직은 만 40 세까지)
	5회 : 8급 간호 2, 9급 수산 1, 토목 4, 건축 4	10월 25일	8월 25 ~28일	8급 간호
경 남	1회 : 의무직 3, 6급 약무직 2, 7급 수의직 1, 8급 간호직 3, 9급 토목직 7, 건축직 5, 수산직 1, 사서직 2, 전산직 1, 지적직 4, 기계직 3, 기능직 10등급 7	7월 5일	6월 8 ~12일	5급 : 연령제한 없음. 6·7급 : 20세 이상. 8·9급 기능직 : 18세 이상
	2회 : 9급 행정직 20, 세무직 12	9월 20일	8월 3 ~7일	만 18~34세

시험명	모집분야 및 채용 인원(명)	시험일	원서접수	비 고
일 반	1차 800 2차 700 3차 584	1차 5월 31일 2차 7월 26일 3차 5월 18일	1차 5월 2~16일 원서접수 2, 3차 각각 6월 29일과 9월 12일에 공고됨	만 21~30세
여 경	125	6월 21일	공고 : 5월 21일	만 18~25세
101단요원	135	7월 26일	공고 : 6월 11일	만 21~30세

공무원은 국가공무원·지방직공무원과 경찰직·소방직 등 기타 분야로 구분된다. 행정자치부가 주관하는 국가공무원 시험은 사법·행정·외무·기술고시와 7급·9급 공무원 시험이 있다.

98년은 7급과 9급 공무원 시험의 접수가 마감됐다. 9급은 이미 5월 31일 시험이 실시됐고 7급은 9월 6일 실시된다.

9급도 1천 1백명 채용예정에 8만 8천여명이 응시해 80대 1의 높은 경쟁률을 보였다. 7급은 98년에 여성채용목표제가 15%로 확대됐다. 7·9급 시험은 모두 응시제한이 없다.

지방직 공무원은 거주지 제한 규정이 있다. 따라서 시험 공고일 기준으로 주민등록이 해당 시·도로 돼 있어야 응시 가능하다.

지방직도 5급을 뽑는 지방고시와 7·9급 시험이 있다. 7·9급은 일부 지방만 시험일정을 확정했다. 아직 확정되지 않은 시도에서 시험을 볼 사람은 시도 총무과 고시계에 수시로 문의해야 한다.

　　수험생들은 원서를 접수하기 전에 신중한 선택과 치밀한 준비가 필요하다. 시험준비에 많은 시간이 필요하기 때문이다. 시험과목이 비슷한 2 ~3개의 시험을 동시에 준비하는 것도 생각해볼 만하다.

해외취업에 도전하자

실업을 새로운 도약의 기회로 삼겠다는 적극적인 사고의 소유자라면 해외취업도 도전해볼 만하다.

특히 워킹 홀리데이(Working Holiday)·우프(Willing Workers On Organic Farmers)·키부츠 연수 등은 어학과 국제감각을 익힐 기회를 제공하는 유익한 프로그램이다.

또 해외건설업체, 원양어선 등에 취업하면 몸은 고되지만 비교적 높은 보수를 받을 수 있다.

◈ 워킹 홀리데이

워킹 홀리데이란 말 그대로 돈을 벌면서 여행도 하는 프로그램을 말한다. 노동력이 부족한 나라에서 외국 젊은 이들에게 1년간 특별비자를 내줘 입국을 허락한 뒤 취업 자격을 주는 제도다. 1년 뒤에는 희망할 경우 관광비자로 변경할 수 있으므로 여행도 즐길 수 있어 매력적이다.

우리나라와 워킹 홀리데이 비자발급 협정을 맺고 있는 나라는 호주·캐나다 등이다. 뉴질랜드와는 협정체결이 추진중이다.

전에는 주로 대학생들이 애용했으나 IMF 사태 이후에는 젊은 실업자와 무급휴직자들이 많이 이용하고 있다.

현지생활을 통해 자연스럽게 어학과 국제감각을 습득할 수 있어 향후 재취업에도 상당한 도움이 된다.

비자를 받기 위해서는 30세 이하면 되고 남녀·학력제한은 없으나 학생은 6개월 이상, 직장인은 1년 이상 취업한 경험이 있다는 사실을 증명해야 한다. 근로소득세 납세 증명서를 제출하면 된다.

일용직이나 아르바이트로 일한 경험밖에 없어 취업사실을 증명하기 어려울 경우에는 비자신청시 별도로 제출하는 생활계획서에 취업 경험을 자세하게 기록하면 된다.

외국에서 취업가능한 직종은 식당 웨이터·청소·아기보기·면세점에서 물건 팔기 등 이른바 3D업종이 대부분이지만 생활비를 빼고도 월 30만~2백만원까지 저축할 수 있다. 워킹홀리데이협회에서 1인당 29만8천원을 받고 다음과 같은 업무를 대행해 준다.

- ● 비자 발급

- 영문서류 작성
- 취업 알선

참고로 매년 비자발급인원은 정해져 있다. 98년 캐나다 비자는 만료됐으며 호주는 가능하다.

문의 워킹홀리데이협회 ☎02-723-4646

◆ 우프

72년 영국에서 처음 도입된 우프는 호주·뉴질랜드·캐나다 등의 협동농장 등에서 하루에 5시간 정도 농사일을 도우며 숙식을 제공받는 프로그램이다.

워킹홀리데이와는 달리 보수는 없다. 나이 제한이 없고 비자없이 입국해 최장 3개월~1년까지 체류할 수 있다.

농업기술과 영어를 배우는 기회로 활용할 수 있다.

문의 드림서치 ☎02-514-0505
한국 우프센터 ☎02-733-3313
우프 코리아 ☎02-723-4458

◆ 키부츠

이스라엘의 공동체인 키부츠에서 2~6개월 동안 농장일을 하며 무료숙식과 월 1백 달러 정도의 용돈을 제공받는다.

만 32세 이하면 되고 학력제한은 없다. 왕복 항공료는 본인이 부담하며 매주 월요일에서 금요일까지 오후 4시에 서울역 앞 벽산빌딩 18층에서 이스라엘 키부츠연합 한국 대표부가 설명회를 열고 있다.

문의 ☎ 02-727-6099

◆ 국제협력단

개발도상국에 2년간 체류하면서 컴퓨터, 자동차 정비, 봉제, 축산, 양봉, 한국어교육, 유아교육, 여성복지 등 25개 직종에서 일한다.

20~61세면 자격이 있고 월 3백~5백 달러의 보수와 주택이 제공된다. 외교통상부 산하 국제협력단이 매년 1~2개월경에 약 1백명을 선발한다. 왕복 항공료는 개인 부담.

문의 ☎ 02-740-5237, 02-740-5114, 02-740-5173~4

◆ 해외건설업체

중동, 동남아, 아프리카 등 16개국에서 1년간 일하게 된다. 행정보조, 중기운전, 미장공, 제도사, 측량사, 철근공, 목공, 도장공, 비계공 등 27개 업종에 투입돼 월 1백만~1백50만원의 보수를 받는다. 숙식비, 왕복 항공료,

복지후생비는 고용업체가 부담한다. 98년 5월 4일까지 모집접수를 끝내 5백여명을 선발했으며 추후 모집계획은 미정이다.

문의 건설교통부 해외건설협회 ☎02-274-1612

❖ 해외원양어선

취업기간은 1년이며 월 최저 1천 2백 달러, 평균 2천 6백 달러를 받는다.

문의 해양수산부 연수원 선원취업 알선창구
　　　☎02-561-1119

58

퇴직예정자 재취업 · 창업 돕는
아웃플레이스먼트 컨설팅

갑작스런 실직의 충격을 최소화하는 방법으로 아웃플레이스먼트 컨설팅(Outplacement Consulting)이 등장했다. 아웃플레이스먼트 컨설팅은 「전직알선」혹은 「창업·재취업 알선제도」로 번역된다.

감원 대상자에게 3~6개월에 걸쳐 창업·재취업 교육을 실시하고 직업알선까지 제공하는 일종의 충격완화 프로그램이다.

이 프로그램의 진행방식은 대단히 선진적이고 효율적이다. 전문상담원들이 퇴직자 또는 퇴직예정자와 면담·적성검사·경력상담을 통해 자영업이나 재취업 등 진로를 설정한 뒤 관련 자료와 정보를 제공해 주는 방식으로 이뤄지기 때문이다.

미국에서는 65년경부터 도입돼 최근에는 전체의 80%

에 가까운 기업이 해고시에 이 제도를 활용하는 등 일반화된 상태다. 유럽과 일본에서도 많은 기업들이 이 제도를 애용하고 있다.

국내에서는 90년대 초에 일부 헤드헌터 업체가 이 제도를 도입했으나 별 관심을 끌지 못했다. 그러나 대량실업사태가 시작된 97년 말부터 관련 프로그램을 제공하는 업체가 늘고 있다.

국내에서 활동중인 업체는 다음과 같다.

- KK 컨설팅(☎ 02-551-0203～10)
- 탑 경영컨설팅(☎ 02-551-0361)
- 얼라이드 컨설팅(☎ 02-794-8825)
- 파이오니어 컨설팅(☎ 02-567-9393)
- 휴먼 서치(☎ 02-555-0606)

대형 컨설팅업체인 한국능률협회(직업전환센터 ☎ 02-3297-0091)도 기존의 산업교육과 연계한 본격적인 프로그램을 마련해 영업활동에 들어갔고 한국표준협회(고용촉진센터 ☎ 02-369-8114)와 한국생산성본부(☎ 02-724-1114)도 유사한 프로그램을 제공하고 있다.

기업들의 인식이 부족하여 퇴직예정자의 욕구를 따르지 못하고 있어 아쉽다. 그러나 현대자동차는 퇴직한 임직원을 대상으로 올들어 창업교육과 재취업·전직 교육과정을 운영해오고 있다.

퇴직자들의 경우 개인적으로라도 이들 컨설팅업체와 긴밀하게 재취업에 필요한 지원을 받는 편이 좋을 것이다.

취업확률 높은 무료직업소개소,
적극 공략하라

무료직업소개소를 활용하는 것이 취업의 지름길이다. 민간이 운영하고 있는 무료직업소개소는 설립목적에 따라 특정분야 인력만을 중점적으로 알선하고 있어 상대적으로 취업률이 높다.

반면 노동부 지방사무소, 인력은행, 시·군·구 취업알선센터 등의 국립·공공 직업소개소는 모든 실업자를 대상으로 전 직종을 알선해 창구가 복잡하기도 하고 취업률도 떨어진다. 97년의 경우만 하더라도 민간 무료소개소의 취업률은 62%로 국립(17.2%), 공공(40.3%)에 비해 훨씬 높았다.

전국 시·도의 허가를 받은 민간 무료직업소개기관은 98년 4월 말 현재 85개. 이들 기관 중 한국산업인력공단·

무료직업소개소 현황

서울의사회	676-9752	태화 기독교 사회복지관	226-2555
생명의 전화	916-9194	한국봉사회 동작복지관	814-8114
한국봉사회 북부복지관	934-7711	한국봉사회 중계복지관	952-0333
한국알트루사	3453-8753	한국섬유산업연합회	528-4081
한국건설기술인협회	567-5542	한국노동협회	714-4805
노인취업은빛전화	577-6388	삼동회	987-5078
강동종합사회복지관	488-4585	전국주부교실중앙회	265-0637
대한노인회	707-0065	대한치과의사협회	498-9142
한국무역협회	551-5225	한국경영자총협회	3270-7388
YWCA 서울본부	774-9702	YWCA 서울지부	804-8755
YWCA 성동청소년회관	253-0650	YWCA 봉천사회복지관	875-4422
YWCA 일하는 여성의 집	951-0187	대한주부클럽연합회	753-6645
한국장애인재활협회	841-2077	재향군인회	763-9251
한국산업인력공단 본부	711-1953	한국산업인력공단 중부	3141-4125
한국산업인력공단 동부	242-9161	한국산업인력공단 남부	854-3101
중소기업협동조합	785-0010	대한건설기계협회	635-5080
가톨릭복지회 신당복지관	231-1878	서울치과의사신용조합	332-1601
서울여성노동자회	867-0516	한국노인복지회	632-0065
천사복지원 가양소개소	668-0600	천사복지원 서부소개소	396-0062
은천복지재단	243-0650	국민정신중흥회	322-8516
한국산업단지공단 본부	828-1945	한국산업단지공단 북부	856-5594
자선단본부	888-9455	자선단수서	459-6565

대한어머니회	518-0065	화봉복지재단	974-0065
한국복지재단	838-8211	한국무역대리점협회	792-1581
대한건설협회	547-6101	대한전문건설협회	247-5504
대한갱생보호회	722-9877	송파노인복지관	203-9400
대한노인회 서울시회	707-0065	연꽃마을	363-7884
한국교통장애인협회	632-2201	이화여대사회복지관	360-2599
구로공구상업단지조합	633-0081	조계종사회복지재단	458-1664

◤ 부산(051)

주부클럽연합회 부산지회	245-5547	부산 YWCA	441-2224
장애인재활협회 부산지부	403-5890	부산경영자협회	647-0441
부산상공회의소	646-8130	산업인력공단 부산사무소	631-1255
부산 재향군인회	625-2111	여성회관	622-2284
여성문화회관	313-7347	근로청소년 복지회관	301-5236
신평·장림공단 관리공단	205-0209		

◤ 대구(053)

종합복지회관	622-4904	여성회관	351-0927
산업인력공단 대구사무소	585-1919	대구상공회의소	754-3034
성서산업단지관리공단	582-2917	염색산업단지관리공단	355-1521
서대구산업단지협회	562-5552	대구 YWCA	472-2282
일하는 여성의 집	957-1714	경북 재향군인회	253-5667
장애인고용촉진공단 대구사무소	656-6811	대구경영자협회	356-0771
대한노인회 경북회	475-1029		

◢ 인천(032)

인천 재향군인회	884-3372	인천경영자협회	887-3111
YWCA 일하는 여성의 집	428-6696	산업인력공단 인천사무소	818-2181
인천상공회의소	810-2853	산업단지공단 주안지원처	578-6101
산업단지공단 부평지원처	524-0012	산업단지공단 남동지원처	812-2512
대한노인회 인천시회	883-3751	장애인재활협회 인천지부	426-1447
여성복지관	435-1447	여성문화회관	518-3827
근로청소년복지회관(서부)	578-5121		

◢ 광주(062)

광주·전남 경영자협회	225-3428	대한노인회 광주시회	673-3615
장애인재활협회 광주지부	512-6677	광주 YWCA	511-3336
산업인력공단 호남본부	527-1919	광주전남 재향군인회	524-0002
여성회관	652-7560		

◢ 대전(042)

산업인력공단 충청본부	624-0131	대전·충남 재향군인회	252-9660
대한노인회 대전시회	253-4147	대전·충남 장애인재활협회	252-8365
YWCA 일하는 여성의 집	534-4340		

◢ 울산(052)

울산 YWCA	247-3521	한국산업단지공단	260-6713

▨ 경기

수원상공회의소	0331-44-3455	무봉사회복지관	0331-43-2852
성남상공회의소	0342-43-7500	성남산성동복지회관	0342-732-6642
안양상공회의소	0343-47-9171	한라사회복지관	032-324-0723
온터두레회	032-326-3004	평택상공회의소	0333-655-5813
안산상공회의소	0345-410-3030	주부클럽연합회	0348-944-4920
이천상공회의소	0336-33-3961	한국통신 취업센터	0347-62-3303
하광상공회의소	0347-61-9090	수원 YWCA	0331-252-5111
산업단지공단 서부본부	0345-490-3266	장애인재활협회 경기지부	0331-35-2114
산업인력공단 경기사무소	0331-253-1919	대한노인회 경기도회	0331-256-2245
성남 YWCA	0342-47-0622	의정부 YWCA	0351-877-6332

▨ 강원

강원재향군인회	0361-57-2801	장애인재활협회 강원지부	0361-53-8513
춘천 YWCA	0361-54-4878	강원여성회관	0361-262-0773
산업인력공단 강원사무소	0361-241-1953	춘천 여성복지관	0361-250-3539
원주 상공회의소	0371-43-2994	원주 YWCA	0371-42-6090
강릉 여성회관	0391-648-4835	속초 여성회관	0392-639-2587

▨ 충남

천안 YWCA	0417-63-3060	조치원 YWCA	0415-62-0872

◢ 충북

장애인재활협회 충북지부	0431-52-9720	산업인력공단 충북사무소	0431-273-1953
대한노인회 충북회	0431-65-0363	청주 YWCA	0431-53-3400
충북재향군인회	0431-66-3881	청주상공회의소	0431-52-0023

◢ 경남

경남재향군인회	0551-89-9000	대한노인회	0551-83-1067
동남산업단지관리공단	0551-60-1371	마산 YWCA	0551-45-8747
장애인재활협회 경남지부	0551-77-8841	양산상공회의소	0523-386-4001
진주상공회의소	0591-53-0411	진주 YWCA	0591-53-6133
삼천포상공회의소	0593-33-2204		

◢ 경북

포항상공회의소	0562-74-2233	구미상공회의소	0546-54-6601
산업단지공단중부본부	0546-461-0181	포항 YWCA	0562-74-4445
경주 YWCA	0561-42-6752	산업인력공단 경북사무소	0571-54-1919

◢ 전남

목포 YWCA	0631-42-1611	여수 YWCA	0662-62-6515
순천 YWCA	0661-744-7990	산업인력공단 전남사무소	0661-742-4051
장애인재활협회 전남지부	0613-32-4229		

산업인력공단 전북사무소	0652-254-9205	전주 YWCA	0652-224-5501
군산 YWCA	0654-62-4491	전북재향군인회	0652-84-4305
장애인재활협회 전북지부	0652-74-5814	주부클럽연합회 전북지회	0652-83-3088
전북여성회관	0652-254-3814		

■ 제주

| 제주 YWCA | 064-55-0878 | 제주상공회의소 | 064-57-2166 |
| 서귀 YWCA | 064-62-1400 | | |

※ 노동사무소, 인력은행, 시·군·구 알선센터는 제외

YMCA·재향군인회 등은 본부의 허가를 받아 전국지부·
지사별로 무료직업소개 기능을 담당하고 있다. 그래서 실
제 소개업소 수는 2백 군데 가까이 된다.

한국통신인력취업센터는 정보통신협회의 3천여 회원사
로부터 통신직종 구인신청을 받아 구직자와 연결해주고
있다. 한국무역협회는 주로 무역·해외영업 분야 인력을
알선해 주고 있다.

서울시 의사회는 간호사·의료기사·간호조무사, 섬유
산업연합회는 섬유관련 생산직·디자이너, 대한치과의사협
회는 치과의사·위생사·간호조무사·치기공사, 대한건설
기계협회는 건설중장비 기사, 한국경영자총협회는 사무직
을 중점 대상으로 알선사업을 벌이고 있다.

산업인력공단은 노동부 고용전산망에 연결해 전 직종에 대한 직업알선을 하고 있으며 주로 기능·생산직 알선이 많이 이뤄지고 있다.

각 지역 여성회관·사회복지회관에선 파출부·간병인·식당종업원 등의 일자리를 알선하고 있고 대한노인회·한국노인복지회 등에서는 고령자 취업알선을 중점적으로 하고 있다.

60

취업정보의 보고(寶庫), PC통신·인터넷

PC통신과 인터넷의 취업정보도 활용가치가 높다.

엄청난 양의 최신 구직정보를 적시에 얻을 수 있을 뿐만 아니라 자신의 구직의사를 밝힐 수도 있기 때문이다.

특히 일일이 취업알선 기관을 찾아 다니지 않고 앉은 자리에서 원하는 업종을 충분히 탐색할 수 있어 컴퓨터에 능숙한 신세대는 물론 중년층에게도 권할 만하다.

노동부 등 공공기관과 『중앙일보』·『동아일보』·『매일경제신문』·『한국경제신문』 등 언론사에서도 취업코너 또는 취업사이트를 운영하고 있다.

천리안 (FINDJOB)	하이텔(WORK)	나우누리(JOB)	유니텔 (JOBCENTER)
취업정보(JOB)	리쿠르트	자격증정보	매경(SCOUT)
구인구직	(RECRUIT)	(LICENSE)	리쿠르트
(JOBMAN)	코스모(COSMO)	리쿠르트	(RECRUIT)
리쿠르트	JOB DATA LINE	(RECRUiT)	화상취업(SJOB)
(RECRUIT)	(JOBBANK)	매경(SCOUT)	OK 아르바이트
아르바이트	입사원서	경향취업/아르바	정보(ARBEIT)
(ART)	(JOBHUNT)	이트은행	한국장애인고용
코스모(COSMO)	학원강사/개인지도	(KHARBEIT)	촉진 공단
매경(SCOUT)	취업정보(KNAGSA)	스태프(STAFF)	(KEPAD)
화상취업	노동부취업정보	실업교육신문	김홍국 박미선의
(SCHIL)	(MOL)	(VNEWS)	취업특급작전
자격증정보(LCS)	영상전문인 진출	MEGA 취업정보	(JBOX)
프리랜서정보	가이드(PRO)	(MEGA)	자격증정보
(FRLC)	방송작가교육센터	주간구인취업정보	(LICENSE)
스태프(STAFF)	(DRAMA)	(JOBIS)	컴자격증 정보/
주간구인	나레이터모델	생방송취업정보	문제은행
(JOBBIS)	(NMODEL)	(JOBS)	(COMBANK)
학원강사정보	자격증정보		
(KANGSA)	(LICENSE)		
	PC활용능력 평가		
	시험(PCT)		

〈표 2〉 인터넷 취업관련 사이트

중앙일보 홈페이지	news.joongang.co.kr / online-news / series / imf-work / index.html
노동부 홈페이지	www.molab.go.kr
야후 코리아	www.yahoo.co.kr
한경 플레이스먼트	www.ked.co.kr
인터넷 코리아	www.ink.co.kr
리쿠르트	www.recruit.co.kr
커리어모자이크	www.careermosaics.co.kr
신바람 일터	www.combase.co.kr
인턴	www.intern.co.kr
마이다스 동아일보	www.donga.com
한국 S / W지원센터	www.software.co.kr
종합구인 /구직정보	www.job.co.kr
조비아	job.ultari.com
한국정보진흥	jobbank.touch.co.kr
매일경제신문사 취업메뉴	www.maeilbiznews.co.kr /scout

61

마음껏 쉬었다 가세요
—— 실직자 도움방 · 휴식공간

실직자들에게는 남아 돌아가는 시간이 고통 그 자체일 수가 있다. 돈도 없는 상태에서 마땅히 소일할 거리도 없고 그렇다고 집안에만 틀어박혀 있으면 부부싸움이나 하기 십상이다. 그래서 실직자들을 위한 도움방이나 휴식공간이 꼭 필요하게 된다.

서울시내에서 실직자들이 부담없는 비용으로 휴식도 취하면서 취업정보도 얻을 수 있는 곳으로는 서초동 국립중앙도서관(☎ 02-535-4142)을 비롯해 23개 공립도서관이 으뜸이다. 취업관련 서적과 자료가 골고루 비치돼 있는데다 멀티미디어실에서 PC통신과 인터넷 · CD롬을 무료로 마음껏 이용할 수 있다. 구내 식당에선 값싼 식사도 제공된다.

실직자들에게 취업정보와 휴식공간을 제공하는 쉼터도 더없이 고마운 존재다.

- 명동성당 구내에 있는 평화의 집(☎ 02-772-9191)
- 정동 구세군회관 2층의 다일사 쉼터(☎ 02-722-9191)
- 원불교 중앙회 쉼터(☎ 02-821-0510)
- 오뚜기 모임터(☎ 02-3452-7485)

대표적인 곳으로 위와 같은 쉼터가 있으며, 대부분의 쉼터에서는 점심식사를 무료로 제공한다.

쉼터에서는 무엇보다도 같은 처지의 실직자들끼리 얼굴을 맞대고 하소연도 하고 생생한 정보도 교환할 수 있어 심리적 위안과 함께 생활의 활력도 얻을 수 있다.

심리상담이나 고민을 털어 놓고 싶을 때는 다음의 전화를 이용하면 된다.

- 심리학봉사대(☎ 02-361-2437)
- 희망의 전화(☎ 02-866-4578)
- 아버지 전화(☎ 02-208-0660)

건강에 자신이 없으면 매달 첫째주 월요일에 무료 건강진단을 실시하는 강동성심병원(☎ 02-224-2123)이나 긴장을 완화시켜 주는 천연한방황토와 향기요법실을 무료로 개방하고 있는 보생한방병원(☎02-443-7575)을 찾으면 된다.

각 구청의 구민회관이나 문화관에서는 무료상영 영화를 볼 수 있다. 문화회관의 음악감상실 · 피아노연습실 · 스포츠시설을 적절히 이용하는 것도 권할 만하다.

실직가족 있으면
군입대 1년간 연기할 수 있다

실직자 중에는 군입대를 앞둔 아들을 둔 사람들이 상당수 있을 것이다.

만일 본인은 취업이 어려운 반면 아들이 자격증을 가지고 있거나 대학의 인기학과를 졸업해 취업이 가능하다면 "한 1년 정도만 입대를 연기할 수 없을까"라는 아쉬움을 갖게 된다. 가장이 재취업에 성공할 때까지만이라도 아들이 돈을 벌어 온다면 가족 전체에게 큰 힘이 될 것이기 때문이다.

이런 상황에 처한 사람들에게 희소식이 있다. 가족 중에 실직자가 있으면 군입영을 늦출 수 있게 된 것이다.

병무청은 IMF 구제금융 체제 이후 실업률이 치솟고 이에 따라 재정적인 어려움을 겪는 가정도 급증함에 따라 3월 15일부터 입영기일 연기대상을 크게 늘렸다. 기술자

실직가족 사실확인서

○ 의무자 인적사항

주　　소 (병적지)				
현 주 소				
성　　명	(한글)	주민등록 번　　호		전화번호
	(한자)			
입영일자			입영부대	

○ 가족 인적사항

성　　명	주민등록번호	관　계	직장명	퇴직년월일 및 사유

○ 생계상황 및 도움방법

　　위 본인은 현역입영대상(공익근무요원 소집대상)자로서 가족의 실직으로 인하여 가족생계에 도움을 주고자 입영기일연기를 요청하오니 연기하여 주시기 바라며, 만약, 위의 사실이 허위일 경우에는 병역법에 의한 어떠한 처벌도 감수하겠습니다.

년　　월　　일

　　　　　　의　무　자 :　　　　　　(인)

　　　　　　보호자 (관계):　　　　　　(인)

서울지방병무청장귀하

격을 취득하기 위해 직업훈련원이나 기술학원에서 6개월 이상 교육과정을 이수중인 학생에 대해서도 수료 때까지 입영기일을 늦출 수 있도록 하는 조치도 함께 취해졌다.

하지만 다른 사유로 이미 2년간 입영을 연기한 사람은 이번 조치에 해당되지 않는다. 병역법시행령이 입영을 연기할 수 있는 통산기간이 2년을 넘을 수 없도록 하고 있기 때문이다.

실제로 각 지방병무청에 문의전화를 걸어오는 사람들 중에는 2년을 채운 「연기 전문가」들이 많다고 한다. 그러나 실제로 입영기일을 연기해야 할 어려운 처지의 사람들은 이 제도의 도입 사실을 거의 모르고 있다고 관계자들은 아쉬워 하고 있다.

입영연기의 절차는 아주 간단하다. 지방병무청 민원실이나 읍·면·동사무소에 가면 「실직가족 사실확인서」라는 양식이 비치돼 있다.

이 양식에 입영의무자와 가족의 인적사항, 생계상황과 입영의무자가 도움을 줄 수 있는 방법을 구체적으로 적어 입영일 5일 전까지만 주민등록등본 1부와 함께 제출하면 된다.

실직사실을 입증하는 별도의 서류는 제출할 필요가 없다. 병무청 담당자가 직접 회사나 주무관청에 전화를 걸어 실직이나 도산사실을 확인하기 때문이다.

늦어도 3일 안에는 사실관계 조사를 거쳐 입영연기 확

정여부를 본인에게 통보하게 된다.

문의 병무청 징모과 ☎02-772-4341~5

서울지방병무청 징집 I 과 ☎02-820-4442

다섯번째 글

생계위기, 이렇게 넘기자

싼 이자로 목돈 빌려 드립니다
── 근로복지공단 실직자 대부

실직자들에게 최대 1억원까지 빌려주는 실직자 대부제도를 최대한 이용해야 한다.

이 제도는 우선 대출용도가 8가지나 되는 것이 특징이다.

게다가 이자가 시중금리보다 훨씬 낮은 연리 8.5~9.5%이며 상환기간도 4~5년으로 장기인 점이 매력적이다.

근로복지공단이 2조 8천억원을 재원으로 98년 4월 15일부터 시작해 99년 4월까지 한시적으로 운용한다.

근로복지공단은 대출자금의 조기 고갈을 막기 위하여 매달 1천 5백억원대의 자금을 균등하게 분배해서 배정하고 있다.

30만명 이상의 실직자가 실질적인 혜택을 받을 것으로 예상된다.

<표 1> 실직자 대출의 종류와 조건

대출의 종류		대 출 한 도			대출이자율	상환조건
생활 안정 자금	생계비	5백만원	1천만원 (1가구가 복 수의 대부를 신청하더라 도 합계가 1 천만원 이내 여야 함)	3천만원 (1가구가 복수 의 대부를 신 청하더라도 그 합계가 3천만 원 이내여야 함)	연리 8.5%	2년거치 2년상환
	의료비	5백만원				
	혼례비	3백만원			연리 9.5%	
	장례비	3백만원				
	학자금	5백만원				
주택자금		1천만원				
생업자금		3천만원				1년거치 3년 상환
소규모 영업 등 지원		1억원				2년거치 3년 상환

❖ 대출자격

　실직 후 10개월 안에 노동부 지방노동관서·인력은행
·산업인력공단·지방자치단체에 구직등록을 하고 3개월
이 지나면 대출자격이 주어진다. 월별로 대출배정액이 남
을 경우에는 구직등록 후 1개월이 지난 사람도 차(次)순
위자의 자격으로 자금을 대출받을 수 있다.

　공단 지역본부 또는 지사에 가서 구비서류를 제출하고 대
부신청서를 작성하면 심사를 거쳐 대출자격확인서를 발급받
을 수 있다. 6개월 이상 무급휴직중인 사람도 자격이 있다.

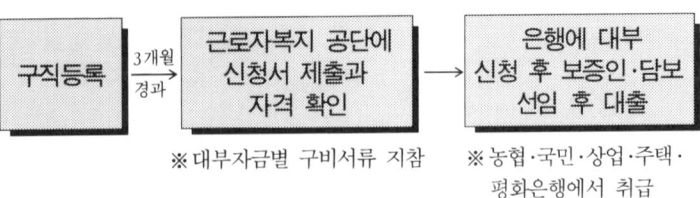

〈표 2〉생활안정자금·주택자금 대부절차

| 구직등록 | 3개월 경과 | 근로자복지 공단에 신청서 제출과 자격 확인 | → | 은행에 대부 신청 후 보증인·담보 선임 후 대출 |

※ 대부자금별 구비서류 지참 　　　　※ 농협·국민·상업·주택· 평화은행에서 취급

공무원·군인·교원연금을 받는 사람은 자격이 없다.

개인에게 5천만원(법인은 1억원)까지 대출 가능한 영업자금은 조건이 까다롭다.

- 실업급여를 받고 있거나
- 고용보험이 적용되는 사업장에서 3년 이상 근무한 실직자
- 국가기술자격증 소유자로 관련 분야의 창업을 위해 2주 이상 창업훈련을 받은 경우

위에서 제시한 경우 가운데 한가지에 해당돼야 한다.

❖ 구비서류

보증인 대출시에는 다음 중에서 해당서류를 내면 된다.

- 재산세납입영수증(또는 재산세납부증명원)
- 근로소득원천징수영수증(또는 갑종근로소득세납세필증)
- 부동산등기부등본
- 재직증명서

담보대출시에는 다음 가운데 해당서류를 제출하면 된다.

- 등기부등본
- 인감증명
- 등기권리증

건설노무자·파출부 등 일당제 근로자와 자영업자·농업·어업종사자, 사업장이 없어진 직장에 근무하던 사람들은 실직 사실과 실직일을 확인받기가 어렵다는 지적에 따라 거래처와 이웃 친지 등 제3자의 확인서만으로 자격을 인정해주고 있다.

무허가 건물에 살아 주택전용면적을 산정하기 곤란한 실직자는 통반장과 파출소장, 동사무소장 등의 확인서를 내면 등기부등본과 마찬가지로 인정받을 수 있다. 분할등기가 되지 않은 다세대주택과 상가건물에 사는 실직자는 집주인이 작성한 확인서와 임대계약서를 등기부등본으로 인정받는다.

생계비 등 생활안정자금을 빌릴 때는 보증인 대신 자신의 재산을 담보로 해도 인정되며 주민등록상 세대주와 가족이 별거중이어서 두 곳에서 주민등록등본을 떼어야 하는 사람은 호적등본 1통만 제출하면 된다.

심사위원회의 별도승인을 받아야 하는 생업자금·영업자금 신청자는 자금집행계획을 적은 사업계획서를 제출해야만 한다.

의료비의 경우 의료비청구서를 준비해야 하는 등 대출항목별로 필요한 서류가 추가된다.

대출 신청을 하기에 앞서 잊지 말아야 할 일은 먼저 구직등록을 해야 한다는 점이다. 실제로 근로복지공단에 대출신청을 하러 갔다가 구직등록이 돼 있지 않아 헛걸음하는 사람들이 많다.

앞서 언급했지만 구직등록을 한 뒤 3개월이 지나야 대출자격이 생기기 때문이다.

근로복지공단에서는 구직등록을 받지 않는다. 따라서 앞에서 설명한 대로 구직등록을 하려면 노동부 산하 46개 지방노동사무소와 인력은행, 산업인력관리공단, 거주지 관할 시·군·구청의 취업알선센터로 가야 한다.

❖ 대출서류

가까운 공단의 지사를 찾아가 돈을 빌리려는 금융기관 등을 적은 신청서와 관련서류를 제출한다. 대출 금융기관은 농협·조흥·상업·주택·국민·평화은행 등 6곳이다. 공단은 서류심사를 거쳐 1~2주 뒤에 우편으로 대출적격 여부와 대출은행을 통보해 준다. 신청자는 보증서류와 대출적격통보서를 들고 해당은행을 찾아가면 돈을 빌릴 수 있다.

❖ 보 증

보증인을 구하기 어려운 실직자는 다른 실직자를 보증인으로 세워 1천만원까지의 생활안정자금과 주택자금을 빌릴 수 있다.

5백만원 이하의 소액대출은 재산세 납부실적이 있는 사람이나 연소득 5백만원 이상인 사람 중 한 사람의 보증이 필요하다. 이는 보증인 요건을 사실상 폐지한 것이나 다름 없는 것이다.

5백만~1천만원 이하는 재산세·종합토지세를 연 2만 5천원 이상 내는 사람이나 연소득이 1천 2백만원 이상인 사람 중 한 사람의 보증이 요구된다.

1천만원이 넘을 때는 은행여신규정에 따른 담보요건을

<표 3> 근로복지공단 실업자 대부 안내전화

서 울 본 부	(02)564-3435	서 울 중 부	(02)237-2943
서 울 동 부	(02)413-3435	서 울 서 부	(02)3275-3435
서 울 남 부	(02)671-3435	서 울 북 부	(02)3391-3435
서 울 관 악	(02)678-3435	춘 천	(0361)56-2943
태 백	(0395)52-1956	강 릉	(0391)41-5013
원 주	(0371)46-3435	영 월	(0373)73-3435
부 산 본 부	(051)465-3437	부 산 동 래	(051)556-2943
부 산 북 부	(051)317-3435	창 원	(0551)75-3435
울 산	(052)269-3435	양 산	(0523)372-3435
진 주	(0591)759-2943	통 영	(0557)646-2943
대 구 본 부	(053)355-2943	대 구 남 부	(053)754-2943
포 항	(0562)82-2943	구 미	(0546)52-3435
영 주	(0572)637-2943	안 동	(0571)52-2943
대 전 본 부	(042)254-2943	청 주	(0431)65-3435
천 안	(0417)552-3435	충 주	(0441)848-3435
보 령	(0452)34-2943	인 천 본 부	(032)437-3435
인 천 북 부	(032)554-3435	수 원	(0331)253-3435
부 천	(032)664-3435	안 양	(0343)85-2943
안 산	(0345)402-3435	의 정 부	(0351)829-2943
성 남	(0342)756-3435	광 주 본 부	(062)522-3435
전 주	(0652)245-3435	익 산	(0653)856-1012
군 산	(0654)452-7352	목 포	(0631)74-3435
여 수	(0662)654-3435	제 주	(064)42-3435

충족해야 한다.

생활안정자금과 생업자금·주택자금을 같이 빌릴 수 있지만 합해서 3천만원을 넘길 수 없다. 특히 금액이 큰 영업자금신청자는 다른 자금을 빌릴 수 없다.

문의 근로복지공단 대부사업팀 ☎02-6700-442

64

생업자금 3천만원까지 빌려 드립니다
── 근로복지공단 실직자 대부제도

　근로복지 공단에서 최고 3천만원까지 지원하는 실직자 생업자금을 받으려면 상당히 치밀하게 준비해야 한다.

　우선 사업을 시작하기 3개월 전에서 시작한 지 6개월 이내에 「사업계획서」와 「생업자금 대부신청서」를 작성해 자금지원을 신청해야 한다.

　아무리 사업성이 좋고 다른 조건이 우수해도 이 조건을 충족시키지 못하면 지원대상에서 제외된다. 사업계획서는 별도로 정해진 양식이 없으므로 각자가 편리한 형태로 작성하면 된다.

　대부한도는 사업소요자금의 60% 한도내에서 가구당 3천만원이며 부동산 매입비는 제외된다. 앞서도 언급했지만 생활안정자금·주택자금·생업자금을 합해 가구당 3천만원을 초과할 수 없다.

※ 결 재	담 당	차 장	부 장	국 장	본부(지사)장

※란은 기재하지 않습니다.

생업자금 대부신청서	처 리 기 간
	30일

(1) 신 청 인	① 성 명		② 주민등록번호		
	③ 주 소			④ ☎	

(2) 사업경영 계 획	① 업 종	
	② 소 재 지	
	③ 사업개시(예정)일	
	④ 근 로 자 수	
	⑤ 생 산 품 목	
	⑥ 기 타	

(3) 대부신청액	만원	(4) 거래희망은행	은행	지점

(5) 기존대부금액	생활안정자금(만원) 주택자금(만원) 계(만원)

(6) 우선순위자 기입사항 (○, × 표시)	※ (7) 전산조회 확인사항
① 실직후 10개월 이내 구직등록후 3개월 이상 경과	① 구직등록기관명
② 전용면적 25.7평 이하 거주	② 구 직 등 록 일
③ 부양가족이 있는 세대주 또는 주소득원인자	③ 실 업 일 자

위와 같이 실업자 생업자금 대부를 신청합니다.

199 년 월 일

신 청 인 (인)

근로복지공단 지역본부(지사)장 귀하

※ 생활안정자금, 생업자금, 주택자금은 1기구당 총합계 3천만원까지 대부됩니다.

※ 접 수	일 자	19 . .	※ 처 리	선 람		※ 결정 사항	※ 순 위		※ 승 인		※대부예정 통보일자	
	번 호			조회필							※불승인 사 유	
	담당자			입력필								

사업계획서 및 자금집행계획서

(□ 생업자금   □ 창업자금)

1. 기 업 관 련 사 항

가. 업체명(상호)	라. 대표자
나. 사업자등록번호	마. 사업개시일(예정일)
다. 소재지	

2. 기업활동 관련사항

가. 사업의 종류	마. 매출예상(월별)
나. 주요생산품목	바. 손익분기점 도달시점
다. 사업의 전망 및 투자전략	사. 기업이념
라. 주요거래처 확보상황	아. 기업을 하게 된 동기

3. 투 자 내 용

가. 건물임차등	다. 재료구입
○ 물량 ○ 금액	○ 물량 ○ 금액
나. 투자대상시설 및 장치	라. 인건비
○ 시설 및 장치물량	○ 인원수 ○ 금 액
○ 산출금액	마. 기 타

4. 대 부 신 청 금 액

가. 총 투자액	나. 대부신청액	다. 추가자금 조달계획

5. 투 자 일 정 계 획(예시)

추 진 내 용	일 정
○ 건물임대	'98. 5. 2 ~ '98. 5. 10
○ 기계구입	'98. 5. 11 ~ '98. 5. 31
○ 사업자등록	'98. 6. 11 ~ '98. 6. 4
○ 사업개시	'98. 6. 5

〈표 1〉 생업자금 대부절차 흐름도

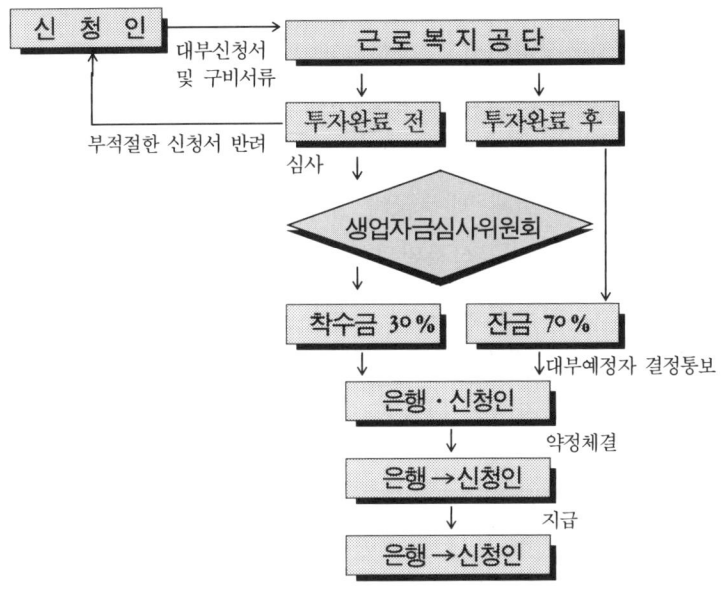

생업자금을 이미 대부받은 사람은 대부한도액 범위내에서 한차례에 한해 잔여액을 신청할 수 있다.

1년 거치 3년 균등분할 상환조건이며 연리 9.5%의 이자율이 적용된다.

신청을 하면 먼저 대부신청서와 구비서류를 검토해 요건에 적합한지를 판정하고 실직 후 10개월 이내에 구직등록을 마쳤고 구직등록 후 3개월이 지났는지를 확인하는 서면 심사과정을 거치게 된다. 구직등록관계는 취업알선 전산망·고용정보 전산망이 활용된다.

여기서 적격자로 판명되면 신청서 접수일로부터 7일 이내에 사업장에 근로복지공단 관계자가 방문, 현지확인을 하고 현지출장확인서를 작성하게 된다. 확인사항은 투자예정지 · 주변시장여건 · 임대료 시세 등이다.

이같은 과정을 거쳐 생업자금심사위원회에서 대부예정자로 결정되면 전체 대부금의 30%에 해당하는 착수금이 지급된다. 생업자금심사위원회는 5인으로 구성된다. 지역본부에서는 관리국장이, 지사에서는 지사장이 각각 위원장이 되며 각각 4인의 위촉위원이 있다.

위촉위원의 자격은 다음과 같다.

- 해당분야에서 15년 이상 근무한 전문인
- 재무관리 경영지도사 및 기술지도사
- 벤처기업협회에서 추천한 사람
- 신용보증기금(기술신용보증기금) · 창업상담회사 · 창업투자회사 임원
- 교수(전임강사 이상) 및 중소기업 진흥공단 관계자
- 산업인력공단 소속 훈련강사

착수금을 받은 실직자는 대부예정자 결정통보서에 명시된 투자기한내에 투자를 마치고 투자완료 확인요청서를 작성, 공단에 제출해야 한다. 그러면 공단관계자가 다시 사

<표 2> 생업자금 대부절차 흐름도

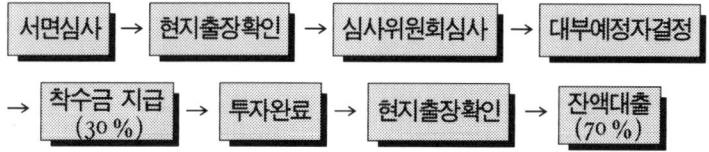

업장에 나와 「투자완료 후 현지출장확인서」를 작성한다. 현장확인 결과 투자계획서와 일치하면 대부예정자로 결정되고 잔액 70%를 지급받게 된다.

다를 경우 심사위원회에 회부된다. 공단 지역본부장과 지사장은 대부금이 목적 외로 사용되는 것을 방지하기 위해 대부사업장의 영업유지 여부를 6개월마다 한차례 이상 점검·관리하고 그 결과를 사업장 사후관리 현지출장확인서에 기록하게 돼 있다.

따라서 대부금을 받은 이후에는 정상적인 영업을 유지하기 위해 항상 최선을 다해야 한다. 대부예정자 자격이 취소되는 경우는 다음과 같다.

- 허위 또는 기타 부정한 방법으로 대부를 신청한 경우
- 대부금을 대부목적 이외에 사용한 경우
- 대부예정자 결정통보를 받은 날부터 90일 이내에 약정을 체결하지 않은 경우
- 대부예정자 결정통보서의 투자완료일까지 투자를 완료

하지 않은 경우

- 투자계획에 따라 투자하지 않은 경우
- 영업을 폐업한 경우
- 기타 공단 이사장이 필요하다고 인정하는 경우

문의 근로복지공단 복지계획부 ☎02-6700-441

영업자금 1억원까지 빌려 드립니다
── 근로복지공단 실직자 대부제도

실업자들은 최대 1억원까지의 영업자금을 싼 이자로 근로복지공단에서 빌릴 수 있다. 그러나 실제 대부받기까지의 과정은 생활안정자금이나 생업자금보다는 상당히 까다롭기 때문에 끈기를 갖고 부딪쳐야 한다.

고용보험 적용사업장에서 3년 이상 근무했던 실직자나 국가기술자격증 소지자로서 2주 이상의 창업훈련과정을 이수한 사람에게 대부자격이 주어진다. 실업급여를 받고 있는 사람도 해당된다.

또 창업 전 3개월 또는 창업 후 6개월 이내에 개인 또는 법인의 사업계획서와 함께 「영업자금대부신청서」를 제출해 영업자금심사위원회에서 인정돼야 한다.

영업자금심사위원회는 지역본부장을 위원장으로 하며 복지부장과 위촉위원 5인 등 모두 7인으로 구성된다. 위촉

※결재	담 당	차 장	부 장	국 장	본부(지사)장

※란은 기재하지 않습니다.

영업자금 대부신청서

처 리 기 간
30일

(1) 신 청 인	① 성 명		② 주민등록번호	
	③ 주 소			④ ☎

(2) 영 업 관 련 사 항	① 회 사 명		② 자본금	만원
	③ 사업자등록번호			
	④ 법인등록번호			
	⑤ 사업개시일(예정일)			
	⑥ 생 산 품 목			
	⑦ 창업훈련과정(해당자)	자격보유자로 에서 부터 까지(개월)		
	⑧ 기능사 훈련과정(해당자)	에서 부터 까지(개월)		
	⑨ 보유 자격증(해당자)			

(3) 대 부 신 청 액	만원	(4) 거래희망은행	은행	지점

(5) 우선순위자 기입사항 (○, × 표시)		※ (6) 전산조회 확인사항	
실직후 10개월 이내 구직등 록후 3개월 이상 경과		① 구직등록기관명	
		② 구 직 등 록 일	
		③ 실 업 일 자	
		④ 국민연금 자격취득일	
		자격상실일	

위와 같이 실업자 영업자금 대부를 신청합니다.

199 년   월   일

신 청 인   (인)

근로복지공단   지역본부(지사)장 귀하

※ 영업자금은 1업체당 1억원까지 대부됩니다.
※ 영업자금을 대부받은 경우에는 다른 대부를 신청할 수 없습니다.

※접수	일자	19 . .	※처리	선 람		※결정 사항	※순 위	※승 인	※대부예정 통보일자	
	번호			조회필					※불승인 사 유	
	담당자			입력필						

<표 1> 영업자금 대부절차 흐름도

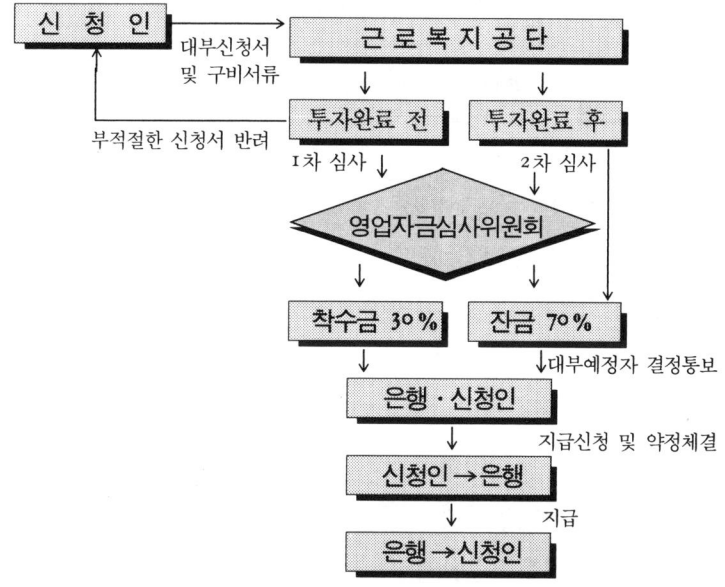

위원의 자격은 생업자금심사위원회와 같다. 상환조건은
2년 거치 3년 균등분할 상환이며 연리 9.5%의 이율이
적용된다. 사업소요자금의 60% 범위내에서 업체당 1억원
까지 빌릴 수 있지만 부동산 매입비는 제외된다.

이 자금을 빌리려는 사람은 생활안정자금·주택자금·
생업자금을 빌릴 수 없다. 창업자금을 이미 빌린 사람은
대부한도액 범위내에서 한차례에 한해 그 잔여액을 신청할
수 있다. 대부신청을 하면 생업자금과 같은 서면심사·현
지출장확인 과정을 거치게 되며 대부예정자로 결정되면 전

〈표 2〉 영업자금 대부절차 흐름도

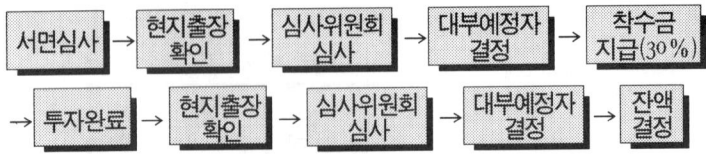

체대부금의 30%에 해당하는 착수금이 지급된다(〈표 1〉).

대부예정자로 결정돼 착수금을 받으면 대부예정자 결정 통보서에 지정된 투자기한내에 투자를 끝내고 「투자완료에 따른 대부신청서」를 공단에 제출해야 한다.

신청서가 접수되면 공단에서는 현지출장을 통해 투자완료 사실여부를 확인하고 그 결과를 현지출장확인서에 적고 2차 심사위원회에 회부한다. 투자계획과 투자내용이 다를 경우 대부결정금액이 줄어들거나 대부자체가 취소된다. 이미 투자를 끝내 놓고 신청서를 접수한 경우에는 어떻게 될까. 이때는 서면심사 절차를 거치지 않고 현지출장 확인과 심사위원회 심사만으로 대부예정자 여부가 결정되며 대부금은 한꺼번에 지급된다.

생업자금 때와 마찬가지로 지역본부장이나 지사장이 6개월에 한차례 이상 사업장을 방문해 대부금이 목적 이외로 사용됐는지 여부를 점검·관리하게 되므로 정상영업 유지를 위해 최선을 다해야 한다.

문의 근로복지공단 복지계획부 ☎ 02-6700-441

전세반환금 6천만원까지 빌려 드립니다

　직장을 잃은 데다 전세값이 내려가 세입자에게 전세금을 돌려줄 형편이 못되는 경우가 수없이 발생하고 있다. 세입자들이 소송을 걸어 경매를 통해 헐값으로 집이 넘어가는 기막힌 일까지 벌어지고 있다.

　거꾸로 세입자의 경우에도 전세금을 제때 돌려 받지 못해 고통을 당하는 일이 비일비재하다.

　이같이 딱한 처지의 집주인과 세입자를 위해 가구당 최고 2천만원까지, 1인당 최고 3가구(6천만원)까지의 전세반환금 융자제도가 시행되고 있다. 분명히 알고 넘어가야 할 것은 융자를 받는 주체는 어디까지나 집주인이라는 사실이다.

　집주인의 경우 국민주택 규모(전용면적 25.7평) 이하의 주택을 가지고 있다면 전세금 액수에 관계없이 반환자금을 대출받을 수 있다. 시행 초기에는 전세금 액수를 7천 5백만원으로 제한했으나 수혜폭을 넓히기 위해 건설교통부가 이같은 제한을 없앴다.

세입자의 경우도 전세계약이 끝나고 신규주택 입주, 근무지 변동, 실직자 또는 부도회사 근무자로서 이사를 통해 거주비용을 줄여야 할 때, 전세관련 민사조정 또는 민사소송의 확정판결을 받은 사람 등의 경우에만 지원하던 것을 계약기간만 지나면 융자가 가능하도록 조건이 완화됐다.

1년 전세계약이 끝났거나 2년 계약이지만 집주인과 세입자가 합의해 이사를 가는 경우에도 전세금반환자금 혜택을 받을 수 있다.

융자금액은 전세계약 금액의 30% 이내에서 가구당 최고 2천만원까지 가능하다. 집주인이 여러 가구를 세놓은 경우면 3가구(6천만원)까지 융자해 준다.

지원조건은 연리 16.5%로 1년 이내에 상환해야 한다.

대출금리를 실세금리와 비슷한 수준으로 책정한 것은 집주인들이 다른 용도로 사용하는 일을 막기 위한 것이다.

1년 후에 융자원금의 20%를 갚고 다시 1년 후에 20%를 갚는 방식으로 3년까지 상환기간이 연장될 수 있다.

전세반환금 지원자금은 전국 주택은행 본·지점에서 취급하며 융자를 신청하려면 다음의 서류를 제출해야 한다.

- 집주인과 세입자가 건물 등기부등본(소유자 확인용)
- 임대차 계약서
- 세입자 주민등록등본(전입사실 확인용)

또 집주인은 해당 주택을 담보로 제공하거나 다른 부동산을 담보로 제출해야 한다.

중요한 것은 반드시 집주인과 세입자간에 합의가 이뤄져야 하며 은행까지 동행해야 한다는 사실이다. 세입자는 대출을 원하지만 집주인이 대출이자가 높다는 이유로 이를 거부하면 대출은 이뤄지지 않는다.

서류가 구비되고 담보가 확인되면 신청 후 2~3일이면 대출을 받을 수 있다. 담보물건 소재지를 관할하는 주택은행 지점을 이용하면 담보가액을 미리 파악하고 있으므로 처리시간을 줄일 수 있다. 대출금은 세입자의 통장으로 지급된다.

문의 건설교통부 주택정책과 ☎ 02-504-9133~4

실직자의 중고생 자녀,
등록금 면제받을 수 있다

실직자의 중고생 자녀에게는 등록금이 감면되고 점심값이 지원되고 있다. 이 제도는 올해 4월부터 시작됐다.

2학기에는 25만명의 중고생들이 학비를 면제받게 될 전망이다. 노동부는 7월 19일 실직자의 중고생 자녀들에게 학비를 면제해 주기로 하고 2차 추경예산에서 교육부와 1천억원을 배정하기로 관계부처와 협의를 마쳤다고 밝힌 바 있다.

이에 따라 올해 3·4분기와 4·4분기에 한 사람당 20만원씩 모두 40만원의 2학기 수업료와 육성회비를 전액 지원받을 수 있게 됐다.

생활보호대상자로 지정돼 학비를 지원받고 있는 학생은 20만명. 이에 따라 전체 중고생 4백38만명의 10%에 해당하는 45만명의 학비면제 혜택을 받게 되는 셈이다.

❖ 감면 대상자

- 고용보험대상이 아닌 실직자 자녀
- 자영업자중 폐업·도산한 실직자 자녀
- 자활보호대상자로 지정돼 학비보조를 받지 않는 학생
- 어려운 가정형편으로 학교장이 학비감면이 필요하다고 인정한 학생

학비감면 대상자들에게는 내년도 Ⅰ·2학기 교과서도 무상으로 지급된다. 이와는 별도로 급식도 무료로 제공되며 학교에서 급식을 하지 않으면 점심식사 제공 대상자에게 점심식사 값으로 한끼에 2천5백원을 준다.

등록금감면대상자 선정절차는 시·도·교육청별로 마련돼 있다. 우선 실직한 학부형과 대상학생은 학비감면 지원 신청을 통해 담임교사의 추천을 받아야 한다. 이어 학교 교직원회의에서 심의를 거쳐 선정자를 확정하면 다시 학부형에게 통지된다.

신청시에는 지방노동사무소나 전에 다니던 직장에서 발행한 실직증명서를 제출해야 한다. 자영업에 종사했던 실직자의 경우 폐업증명서를 제출해야 한다.

문의 보다 상세한 내용은 시·도 교육청에 문의하면 된다.

68

실직자 자녀보육료, 반만 내면 된다

98년 4월 1일부터 실직자의 5세 이하 자녀에 대해 어린이집과 놀이방 등 전국 1만 5천여개 보육시설의 보육료가 50% 감면되고 있다.

사단법인 한국보육시설연합회와 전국민간·가정보육시설연합회가 국민고통분담 차원에서 이같은 결정을 내렸기 때문이다.

감면제도는 99년 12월 31일까지 21개월 동안 한시적으로 실시된다.

감면혜택을 받기 위해서는 노동부 지방노동사무소나 종전 직장에서 실직확인서를 발급받아 아이를 맡기려는 보육시설에 제출하면 된다.

보육료 감면대상자는 상시 5인 이상 사업장에서 3개월 이상 근무하고 지난해 11월 1일 이후 실직한 사람이다.

실업율이 8%일 경우 약 4만 1천 6백명 정도가 해당될 것으로 보건복지부는 추정하고 있다.

보건복지부는 보육시설에서 실직자의 자녀를 보육할 경우에는 반별로 10%의 범위 안에서 정원을 늘려도 이를 인정해 주는 등 적극적으로 이 제도를 뒷받침하고 있다.

이와는 별도로 복지부는 정부예산으로 생활보호대상자 자녀 6만 9천명에 대해서는 보육료를 전액 지원해주고 있다. 또 도시평균가구소득의 50%(월 1백 20만원)에 미달하는 저소득층 자녀 9천명에 대해서는 보육료의 40%를 감면해주고 있다.

97년 12월말 현재 국내 보육시설은 1만 5천 3백 75개소 (국·공립 1천 1백 58개, 민간 8천 1백 72개, 직장 1백 58개, 가정 5천 8백 87개), 보육아동은 52만 9백 5명이다.

❖ 감면액수

- 2세 미만 : 한 사람당 1개월에 평균 15만 2천원
- 2세 : 12만 3천원
- 3세 이상 : 7만 4천원

문의 한국보육시설연합회 ☎ 02-706-0966

전국민간·가정보육시설연합회 ☎ 02-793-0115

장애인등록, 돈이 들지 않는다

실업자 자신이나 가족이 장애인이라면 즉시 장애인등록을 하는 게 좋다. 장애인으로 등록하면 생각했던 것보다 훨씬 많은 혜택을 누리게 된다.

장애인등록제도가 처음 시작된 88년 20만여 명이었던 등록자 수는 97년 말 현재 48만 1백 88명. 전체 추정장애인(1백 5만 3천명)의 45.6% 정도다. 그러나 IMF 한파가 불어닥친 후에는 등록자의 숫자가 눈에 띄게 늘고 있다.

장애인등록을 하기 위해서는 의사의 진단서가 필요하다. 먼저 주소지 관할 읍·면·동사무소에서 장애검진 의뢰서를 발급받은 뒤 등록된 장애진단 병원에 제출하면 진단서를 발급받을 수 있다.

병원은 거주지와 무관하게 선택할 수 있다.

진단서 발급에는 비용이 거의 들지 않는다. 지체·청각·

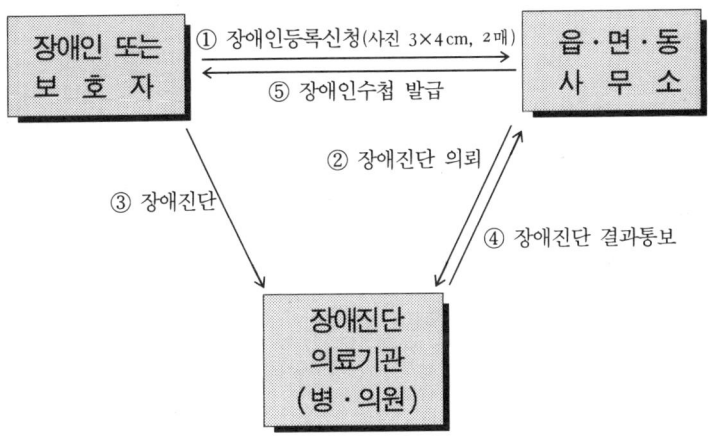

〈표 1〉 장애인 등록절차

시각·언어장애인은 1만 5천원, 정신장애인은 4만원을 국가가 부담해주기 때문이다. 진단서 발급비용 지급은 읍·면·동 사무소에서 이뤄진다.

그러나 정밀진단을 받을 때에 국가가 내주는 비용을 초과한 금액은 환자가 부담해야 한다.

문의 보건복지부 장애인제도과 ☎02-503-7567,
02-503-7899

장애인등록 하면 의료비 지원받는다

　장애인은 각종 의료지원을 받을 수 있다. 여기서 강조하고 싶은 것은 반드시 등록된 장애인만이 혜택을 누릴 수 있다는 사실이다. IMF 시대인 만큼 가족 중에 장애인이 있다면 지금 당장 등록하도록 하는 것이 좋다.

　우선 자활보호대상인 장애인에게는 의료비 지원 혜택이 주어진다. 1차진료기관에서 진료할 경우 본인부담금 1천5백원의 50％를 지원받는다. 2～3차 진료기관과 국·공립 결핵병원에서 진료할 경우에는 의료보호수가가 적용돼 본인부담 진료비 20％ 전액을 지원받는다. 보장구 본인부담금(20％) 지원도 포함된다.

　의료비에 대한 소득세 공제혜택도 있다. 이는 당해년도 총 급여액의 1백분의 3을 초과하는 재활의료비 전액에 대해 적용된다. 장애인보장구도 무료로 받을 수 있다.

생활보호대상 등록장애인, 취업활동을 위해 시·군·구청장이 인정하는 저소득장애인이 대상이다. 의수족·보조기의 제조비·검진비·적응훈련비·수리비를 1인당 연 2회 지급한다. 교부주기는 3년이다.

장애인보장구에 대해서는 의료보험·보호가 적용된다. 등록장애인이 지체장애인용 지팡이 등을 구입할 경우 비용의 80%까지 지원되는 것이다.

적용대상 보장구 및 상한액은 다음과 같다.

분 류	상 한 액	내구연한
지체장애인용 지팡이	2만원	5년
시각장애인용 저시력 보조기	10만원	
―안경		5년
―돋보기		반영구적
―망원경		반영구적
청각장애인용 보청기	25만원	5년
언어장애인용 전기후두(체외용)	30만원	반영구적
휠체어	30만원	5년
흰지팡이(시각장애인용)	14만원	1년
목발	15만 6천원	5년

문의 보건복지부 장애인제도과 ☎02-503-7567, 02-503-7899

장애인등록 하면 자판기 · 매점 우선허가 받는다

장애인등록을 하면 각종 자립 · 자활지원 혜택을 받게 된다. 구체적인 내용을 숙지한 뒤 최대한 활용하는 지혜를 발휘해야 한다.

❖ 자판기 · 매점 우선허가

정부와 공공기관에서 자동판매기 · 매점 등의 설치를 허가할 때 장애인을 우선 배려토록 한 제도다.

보건복지부는 89년 장애인복지법을 개정하면서 공공시설에 설치하는 자동판매기와 바닥면적 $10\,m^2$ 이하의 매점 · 담배소매점 · 우표류 판매소, 국철 · 지하철에 설치된 신문 · 잡지 판매대 등을 허가 · 위탁할 때는 우선적으로 장애인에게 허가하도록 노력해야 한다는 규정을 이 법 26조에 신설했다.

장애인가구의 소득은 일반가정의 50% 수준이고 장애인 취업률은 38.4%에 머물고 있는 실정을 감안한 조치였다.

대상이 되는 자판기·매점·신문 판매대만도 97년말 현재 1만6천3백25개. 그러나 복지부의 실태조사 결과 4.2%인 6백91개만이 장애인에게 우선허가된 것으로 드러났다.

국가기관은 7천4백33개 중 0.3%인 22개, 지방자치단체는 8천8백92개 중 7.5%인 6백69개를 배정했다. 담배소매점은 전체 16만7천5백36개 중 1천4백13개, 우표류 판매소는 4만1백80개 중 3백18개가 장애인에게 우선허가돼 각각 0.8%의 우선허가비율을 나타냈다.

이런 현상은 대부분의 시설이 퇴직공무원들의 상조회에서 전·현직 공무원들의 복지·후생을 위해서 운영하고 있기 때문에 빚어지고 있다. "행정자치부장관은 퇴직공무원의 후생복지를 위하여 퇴직공무원 상조회의 설치·운영 등 필요한 대책을 강구해야 한다"는 공무원연금법 87조 1항이 상조회의 기득권을 보호하는 무기가 되고 있다.

이에 따라 복지부는 98년 4월 이같은 현실을 시정하기 위해 각 기관에 대해 장애인 우선배정 노력을 기울일 것을 촉구하고 2002년까지의 추진계획을 제출하도록 했다. 따라서 앞으로 여건이 크게 나아질 것으로 기대된다.

각 기관의 설치허가 계약은 1년 단위로 연초에 이뤄진다.

설치장소·허가조건·운영권자 선발기준 및 선발일시

등은 지방자치단체 회보·반상회보 등에 사전공고토록 했기 때문에 주의깊게 살피고 있다가 우선허가신청을 내면 된다.

복지부는 희망자가 다수일 경우 아래와 같은 우선순위 기준을 적용, 운영권자를 선발토록 하고 있다.

- 생활보호대상자
- 저소득자
- 중증장애인
- 부양가족이 많은 사람
- 관련시설로부터 거주지가 가장 가까운 장애인

◆ 장애인 자립자금 대여

생활보호대상자가 아닌 저소득 가구주 또는 배우자에게 가구당 1천 2백만원까지 대여한다. 연리 10%, 5년 거치 5년 분할 상환조건이다.

문의 보건복지부 장애인제도과 ☎ 7567,
02-507-6678

장애인등록 하면 세금·요금 감면된다

장애인등록을 하면 세금을 면제 또는 감면 받거나 각종 요금을 할인·면제 받는 혜택을 누릴 수 있다. 많이 알아 둘수록 생계에 큰 도움이 된다.

◆ 차량관련 면세

▨ 승용차에 대한 특별소비세 면세

1~3급 장애인 본인 명의 또는 보호자의 공동 명의로 등록한 1천5백cc 이하의 승용차(보호자는 장애인과 생계를 함께하는 사람으로서 운전을 하는 사람)가 대상이 된다. 공장도 가격의 10%인 특소세와 특소세의 30%인 교육세가 면세된다.

■ 승용차 및 이륜자동차에 대한 등록세 · 취득세 · 자동차세 면제

Ⅰ~3급 장애인 및 Ⅰ~4급 시각장애인이 본인, 직계 존 · 비속, 배우자 명의로 등록한 2천cc 이하의 승용자동차 및 이륜자동차 Ⅰ대에 대해 등록세 · 취득세 · 자동차세가 면세된다.

■ 1가구 2차량 이상에 부과되는 중과세 면제

Ⅰ~3급 장애인 명의로 등록한 2천cc 이하의 승용차 Ⅰ대에 대해 등록세 · 취득세의 중과세가 면제된다.

◆ 승용차 LPG 연료 사용 허용

장애인 또는 세대를 같이하는 보호자 명의로 등록한 2천cc 미만 승용자동차 Ⅰ대에 대해 LPG 연료 사용이 허용된다.

◆ 장애인자동차표지 발급

장애인 또는 장애인과 세대를 같이하는 보호자 명의로 등록한 자동차 Ⅰ대 및 관련단체 명의로 등록한 자동차에 발급한다. 이 표지를 부착하면 공영주차장 주차요금 할인 등 주차편의가 제공되며 Ⅰ0부제 운행에서도 제외된다.

❖ 세금 감면

◢ 상속세 인적 공제

공제금액은 5백만원 × (75세 − 상속 당시 나이)

◢ 소득세 인적 공제

종합소득금액 등에서 장애인 1인당 연 50만원이 추가로 공제된다.

◢ 보장구 부가가치세 영세율 적용

장애인과 보장구업체에 대해 의수족·휠체어·보청기·보조기·지체장애인용 지팡이와 목발 등의 부가가치세를 감면한다.

◢ 장애인용 수입물품관세 감면

장애인용물품으로 관세법시행규칙에 정한 84종의 수입물품과 재활병원 등에서 사용하는 장애인 진료용구가 대상이다.

❖ 각종 요금 등 할인

◢ 교통요금

장애인 또는 장애인과 생계를 같이하는 보호자 명의로 등록한 배기량 2천 cc 이하 차량(가구당 1대)에 등록장애인이 탔을 경우 고속도로통행료는 반액이 할인된다.

등록장애인 및 중증장애인의 보호자 1인에게 철도(비둘

기호·통일호·무궁화호) 요금의 50%, 도시철도(지하철
·전철) 요금의 I백%가 감면된다.

등록장애인과 I∼3급 장애인의 보호자 I인에게 대한항
공·아시아나항공 국내선 요금의 50%가 할인된다.

◢ 전화요금

20세 이상 장애인가구주 또는 배우자 명의 전화 I대,
장애인단체·복지시설 및 특수학교 전화 I대가 대상이다.
시내통화료는 50%가 할인되며 시외통화료는 월 2만원의
사용한도내에서 50%가 할인된다. II4 안내요금도 면제
된다.

◢ TV 수신료

세대주 여부를 불문하고 시·청각 장애인이 있는 가정
은 수신료 전액이 면제된다. 단 주거 전용의 주택 안에 설
치된 수상기에 한한다.

◢ 국·공립 공원 입장료

고궁, 국·공립 박물관, 공원 입장을 무료로 할 수 있
다.

◢ 이동통신요금

장애인과 장애인단체가 대상이 된다.

이동전화 신규가입비 7만원이 면제되며 이동전화요금
기본료가 5천4백원, 무선호출기 기본료가 20%(I천6백
원) 할인된다.

시티폰 가입비 2만I천원이 면제되며 사용료의 20%가

할인된다. 기본료 6천 5백원은 전액납부해야 한다.

◤ 의료보험료

장애인은 자동차분 의료보험료가 전액면제된다.

문의 보건복지부 장애인제도과 ☎02-503-7567,
02-503-7899

장애인등록 하면 복지서비스 혜택 누린다

장애인등록을 하면 전혀 생각하지도 못했던 갖가지 복지 서비스를 무료 또는 실비로 받을 수 있다.

◆ 맹인심부름센터

한국맹인복지연합회가 84년 12월부터 운영하고 있다.

시각장애인의 민원업무 대행, 직장 출·퇴근, 장보기, 이사짐 운반, 가사돕기, 취업안내 등을 돕는다. 생활보호 대상자는 무료로 이용할 수 있고 생보자가 아닌 사람은 실비로 이용할 수 있다.

문의 맹인심부름센터 ☎ 02-939-5414

◆ 주간 단기보호시설

장애인 가족이 출장·여행 등으로 재가장애인을 보호할 수 없을 때 낮 동안 또는 일시적으로 장애인 시설에서 보호할 수 있다. 생활보호대상자는 무료이며 생보자 이외에는 점심·간식비 등 실비만 내면 된다.

문의 보건복지부 장애인제도과 ☎ 02-503-7567,
02-503-7899

◆ 무료법률구조제도

소송시 법원에 내야 하는 인지대·송달료·변호사 비용 등 일체의 비용이 무료인 법률구조 서비스를 제공한다.
무료법률상담, 무료 민사·가사사건 소송대리(승소가액 2억원 초과시 실비), 무료 형사변호(보석보증금 또는 보석보증보험 수수료 본인 부담)도 실시한다.

문의 대한법률구조공단 ☎ 02-132

◆ 장애인 생산품 공판장

한국장애인복지시설협회에서 96년 3월부터 운영하고 있다. 장애인들이 생산한 물품의 판로를 확보해 소득을 보장

한다. 개장지역은 서울·제주·대전·부산·대구·인천·광주 등이다.

문의 한국장애인복지시설협회 ☎ 02-718-9363

◆ 장애인 재활정보센터

한국 장애인재활협회가 96년 1월부터 운영하고 있다. 정부시책, 서비스 등 재활전문 데이터베이스, 온라인 대학을 운영하고 온라인 상담 및 정보, 재활정보 자동음성서비스(ARS)를 제공한다.

문의 ☎ 02-835-6456

74

월 2만~5만원의 매력,
경로연금 놓치지 말자

65세 이상의 노인을 부양하고 있다면 반드시 경로연금을 받도록 해드려야 한다. 경로연금은 98년 7월부터 시행되고 있다.

생활보호대상 노인 중 80세 이상자는 월 5만원, 65~79세 노인은 월 4만원이 지급된다. 일반 저소득 노인에게는 월 2만원, 부부가 같이 지급받는 경우는 한 사람에게는 월 2만원, 다른 한 사람에게는 월 1만 5천원이 지급된다.

종전에는 65세 이상의 생보자 노인 24만 7천여 명에게 노령수당이라는 이름으로 80세 이상자에게는 월 5만원, 65~79세 노인에게는 월 3만 5천원이 지급돼 왔다.

새로 도입된 경로연금제도의 핵심은 생보자 외에 1933년 6월 30일 이전에 출생한 일반 저소득 노인에게도 추가로 혜택을 주는 것이다.

보건복지부는 약 37만여명의 일반 저소득 노인이 이 혜택을 받게 될 것으로 예상하고 있다.

만 65세 이상인 생활보호대상자는 별도로 신청서를 제출하지 않아도 지급이 이뤄진다. 그러나 1933년 6월 30일 이전 출생자로서 생활이 어려운 영세노인은 반드시 신청해야만 노령연금이 지급된다. 신청시 연령은 주민등록을 기준으로 한다.

우선 본인·배우자 및 자식 등 부양의무자의 가구별 소득을 해당 가구의 가구원 수로 나눈 각 가구별 1인당 월평균 소득이 35만원 이하여야 하며 가구당 재산액이 4천만원 이하면 된다.

예컨대 노인부부와 자식이 별도로 살림을 하고 있을 때 노인부부 가구의 1인당 월평균 소득이 20만원에 불과하더라도 자식 가구의 1인당 월평균 소득이 40만원이라면 경로연금을 받을 수 없다.

국민연금·공무원연금·사립학교 교원연금 또는 군인연금에 가입돼 있거나 연금을 지급받고 있는 경우에는 경로연금을 지급받을 수 없다.

❖ 신청방법

주민등록지의 읍·면·동사무소에 신청하면 된다.

경 로 연 금 지 급 신 청 서

	처리기간
	20일

※ 뒷면의 신청안내와 작성방법을 읽고 기재합니다.

① 신 청 인	성 명		주민등록번호					
	주 소					(전화 :)		

② 가 족 상 황	본인과의 관계	성 명	주 민 등 록 번 호	동거여부	교육정도	건강상태	직 업	월소득
	본 인							

③ 신청인과 동 거하지 않는 부양의무자	본인과의 관계	성 명	주 민 등 록 번 호	주 소		

④ 재산상황	□ 주택 (백만원) □ 전세보증금 (백만원) □ 월세보증금 (만원) □ 토지 (전·답·임야등 백만원) □ 자동차 (만원) □ 현금, 은행예금, 주식등 기타재산 (만원)
	재산 총 합계액 백만원 가구 월간 총 소득액 천원

⑤ 자 동 차 운 용 실 태	소유구분	□ 본인 □ 직계 존·비속 □ 타인 □ 기타
	용 도	□ 자가용 □ 보철용 □ 생업용 □ 기타 차종·연식

노인복지법시행규칙 제2조의 규정에 따라 위와 같이 경로연금의 지급을 신청합니다.

년 월 일

신청인 (서명 또는 인)

구청장 귀하

구 비 서 류	1. 호적등본 2. 소득·재산관계서류(전·월세 계약서 등) 3. 진단서 또는 검진서(필요한 경우에 한하며, 장애인수첩 사본으로 대신할 수 있다) 4. 위임장(본인·배우자 및 부양의무자가 아닌 자가 신청하는 경우에 한한다)	수 수 료 없 음

경로연금 지급대상자 결정통지서

성 명 : (주민등록번호 :)

주 소 :

귀하를 노인복지법 제9조에 의한 경로연금 지급대상자로 결정하였음을 알려드립니다.

년 월 일

구청장 ㊞

210mm×297mm
일반용지 60g/㎡

❖ 구비서류

- 경로연금 지급신청서(읍·면·동사무소에 비치) 1부
- 호적등본 1부
- 소득·재산관계 서류(자식의 임금확인서, 전·월세 계약서 등) 1부
- 진단서(필요한 경우에 한하며 장애인수첩 사본 등으로 대체할 수 있음) 1부
- 위임장(가족이 아닌 사람이 신청하는 경우) 1부

경로연금을 허위 또는 부정한 방법으로 받은 사람은 1년 이하의 징역 또는 1백만원 이하의 벌금에 처하고, 경로연금지급대상자 실태조사를 거부·방해 또는 기피할 경우에는 10만원 이하의 과태료 처분을 받게 된다.

문의 보건복지부 노인복지과 ☎ 02-504-6235~6

IMF시대의 보물찾기, 휴면계좌 정리

휴면(폐쇄) 계좌를 정리하는 것도 IMF 시대를 헤쳐나가기 위한 필수적인 작업이다. 오랫동안 잊고 지내던 휴면계좌를 발견하면 뜻밖의 돈을 찾는 기쁨을 누리게 될 뿐만 아니라 휴면계좌보유로 인한 불이익도 막을 수 있다.

1가구당 1개까지만 인정되는 비과세통장, 1인당 1통장으로 제한된 세금우대 통장을 개설할 때 자신도 모르는 기존 휴면계좌가 있으면 새로 개설한 통장에 대한 비과세·세금우대 혜택을 받을 수 없다는 사실을 명심해야 한다. 이처럼 휴면계좌 정리는 여간 중요한 일이 아닌 것이다.

아무리 오래된 휴면계좌도 원리금을 받을 수 있으므로 보물찾기를 하는 기분으로 휴면계좌를 찾는 즐거움을 누리기 바란다.

은행거래의 경우 일반적으로 보통예금·자유저축예금은

잔액이 1만원 미만이고 예금 결산 2분기(6개월) 동안 입출금거래가 없으면 휴면계좌로 분류된다. 또 1만~5만원 잔액계좌로 2년 이상 입출금이 없는 계좌도 포함된다.

일단 휴면계좌로 분류되면 예금 종류에 관계없이 보통예금 수준인 연 1%의 금리가 적용된다. 예금주로선 상당한 손실인 것이다.

보험의 경우 가입한 뒤 2개월동안 보험료를 납부하지 않으면 기존 보험계약의 효력이 사라진다. 실효된 보험도 실효시점을 기준으로 2년 이내에 밀린 보험료를 일시에 납부하면 계약을 되살릴 수 있다.

실효된 보험계약이 2년을 넘으면 되살릴 수 없고 휴면계좌로 분류된다. 휴면계좌로 분류되기 전까지는 납부한 보험료에 대해 정기예금의 평균이자가 붙지만 이후에는 이자가 발생하지 않는다.

증권도 고객이 위탁계좌에 10만원 이하의 금액을 맡긴 뒤 6개월간 거래가 없으면 통합계좌로 분류되고 이후 4년 6개월이 지나면 계좌는 폐쇄된다. 폐쇄계좌로 분류되면 입출금·주식매매 등 일체의 거래가 중단된다.

통합계좌로 분류되기 전까지는 연 5%의 이자가 적용되지만 이후에는 이자가 붙지 않는다.

거래했던 통장이 없어도 신분증만 갖고 해당 금융기관에 가면 가입한 예금·보험의 종류와 잔액을 확인할 수 있다.

IMF시대의 방파제,
한시적 생활보호대상자 지정

당장 생계가 곤란한 실직자는 한시적 생활보호대상자로 지정받는 것이 최고의 자구수단이다. 한시적 생활보호대상자로 지정되면 연말까지 한달에 최고 32만원의 생계비와 의료혜택을 받을 수 있기 때문이다.

보건복지부가 실직자 생계대책으로 올해 도입한 이 제도에는 연말까지 1천 8백억원의 예산이 투입돼 31만 1천명이 결정적인 도움을 받게 된다. 이들은 이미 생활보호대상자로 지정돼 있는 1백 17만명과는 별도의 인원이다.

가장 사정이 어려운 7만 7천 5백명은 한시적 생계보호대상자로 책정돼 생계비와 의료보호 · 자녀교육비 · 장제비 · 해산분만비용을, 나머지 23만 3천 5백명은 한시적 자활보호대상자로 책정해 생계비를 제외한 나머지 혜택을 받게 된다. 구직 등으로 소득이 증가돼 보호의 필요가 없어지면 보호가 중지된다.

❖ 자격요건

일단 경제난으로 인한 실직·파산·생활수단 상실 등으로 생활이 어렵게 된 사람으로서 부양의무자가 없거나 있어도 부양을 받을 수 없는 경우에 신청이 가능하다.

한시적 생활보호대상자의 소득기준은 기존 생활보호대상자와 마찬가지로 한시적 생계보호대상자가 1인당 월 22만원 이하, 한시적 자활보호대상자가 23만원 이하다. 가구당 재산기준도 기존 생활보호대상자와 같은 2천 9백만원 이하가 적용되며 대도시·수도권 지역 등에서 재산이 주택 또는 전세금에 한정돼 있어 이를 팔거나 줄이지 않으면 생활을 할 수 없는 경우에는 4천 4백만원 이하로 완화됐다.

기존 생활보호대상자 제도는 근로능력이 있으면 자활보호대상자로 분류했으나 한시적 생보자 제도는 근로능력이 있더라도 생계보호가 가능하도록 하고 있다. 실직자들을 배려한 특별조치인 셈이다.

〈표 1〉 한시적 생활보호대상자의 자격요건

구 분	소 득 (가구원당 월평균소득)	가구당 재산	
		제1기준	제2기준
생계보호대상자	22만원 이하	2,900만원 이하	4,400만원 이하
자활보호대상자	23만원 이하		

❖ 지원내용

한시적 생계보호대상자는 가구원 수에 따라 월 7만9천원에서 32만원까지의 생계비를 지원받을 수 있다.

또 외래진료 및 입원료가 전액 무료로 처리되며 중·고교 재학 자녀의 입학금·수업료 전액이 지원된다. 출산시 출산용품과 신생아용품 비용 12만원이 지급되고 사망시 장례용품·영구차 이용 등 50만원의 장제비가 지원된다.

한시적 자활보호대상자는 병원의 외래진료시 1회 방문당 1천5백원만 자기부담으로 내고 입원료의 80%를 지원받는다.

교육보호·해산보호는 한시적 생계보호대상자와 같이 지원 받는다. 취로사업·직업알선·직업훈련 등의 도움도 받게 된다.

또 가구당 1천2백만원 한도내에서 연리 10%, 5년 거치 5년 분할상환 조건으로 생업자금 융자도 받을 수 있다.

〈표 2〉 가구원수에 따른 생계비

가구원 수	1인	2인	3인	4인	5인	6인
지원액	7만9천원	15만원	21만원	25만원	29만원	32만원

[별지 제   호 서식]   ※ 이 신청서를 읍·면·동 사무소에 제출하십시오.

생 활 보 호 신 청 (변 경) 서

※ 뒷면의 작성방법과 신청안내를 읽고 기재합니다.

① 신 청 인 (세대주)	성 명			주민등록번호					
	주 소						(전화 :)		
② 가족상황	세대주와 관 계	성 명	주민등록번호	동거 여부	교육 정도	건강 상태	직업	월소득	
	본 인								
③ 신청인과 함께 살지 않는 부양 의무자	주 소						(전화:)		

④ 재산상황	□주택(백만원) □전세보증금(백만원) □월세보증금(원) □토지(전·답 임야등 백만원) □자동차(원) □현금, 은행예금, 주식등 기타재산(원)
	재산 총 합계액	백만원	가구 월간 총 소득액	만원

⑤ 자 동 차 운용실태	소유구분	□본인 □직계 존·비속 □타인 □기타
	용 도	□자가용 □보철용 □생업용 □기타 차종·연식

⑥ 신청 (변경)사유	

생활보호법 제18조 및 제23조의 규정에 따라 위와 같이 신청합니다.

19   년   월   일

신청인_____(서명 또는 인)_____

읍·면·동장 귀하

구 비 서 류	1. 호적등본(이미 책정된 사람으로서 변동사항이 없는 경우는 생략) 2. 소득·재산관계서류(전·월세 계약서 등) 3. 진단서 및 검진서(필요한 경우에 한하며, 장애인 수첩사본등으로 갈음할 수 있음)

❖ 신청절차

주소지 관할 읍·면·동사무소에 찾아가 그곳에 비치된 「생활보호신청서」를 작성하고 호적등본, 소득관계서류, 재산관계서류, 전·월세 계약서 사본 또는 무료임대확인서 등의 서류와 함께 제출하면 된다.

소득조사와 재산조사를 거쳐 선정여부가 결정되며 생계비 등은 4월부터 소급해서 받게 된다. 장애인이나 노인·병자를 부양하는 가정에는 우선적으로 혜택이 주어지므로 적극성을 보일 필요가 있다.

문의 보건복지부 생활보호과 ☎ 02-503-7565~6

공공근로사업 참가하면 하루
2만~3만5천원 번다

실직자들을 위한 공공근로사업에도 적극적으로 참여할 필요가 있다. 이 사업은 저소득계층의 실직자에게 최소한의 소득을 보장하고 실업의 고통을 최소화하기 위해 98년 처음으로 도입됐다. 98년 한해 동안만도 5천4백44억원의 예산이 투입된다.

5월 1일부터 8월 14일까지, 1단계사업이 시작돼 약 7만5천명이 참가한데 이어 8월 17일부터 연말까지 약 15만명이 참가할 수 있는 2단계사업이 시행된다.

이 사업은 꾸준히 참가하면 한 사람당 월 40만~80만원의 고정소득을 올릴 수 있는 것이 장점이다.

2단계 공공근로사업부터는 1단계사업 때 「15세 이상 65세 이하의 실직자 중 실업급여를 받지 않고 구직등록을 한 자」로 제한했던 신청자격을 대폭 완화했다. 이에 따라

公共勤勞事業 申請書(標準書式)

접수번호			사 진

성 명	(한글)　　　　(男, 女)	주민등록번호	
	(한자)		

학력및전공	국졸, 중졸, 고졸, 전문대졸, 대퇴이상 (전공 및 특기분야)

전 직 장		결혼유무		부양가족수	

연 락 처	주거지 : (우　　　) 전 화 :　　　　　　　　　　호출기 :

희망사업 (□에 희망 우선 순위 1,2,3을 기재)	각 자치단체별로 시행하는 사업 열거 (당해 지역에서 실시하는 중앙부처 직접 시행사업 포함) □　　　　　　　　　　　□ □　　　　　　　　　　　□ □　　　　　　　　　　　□ □　　　　　　　　　　　□ …………

행정기관 확인사항	세대주 여부		생활보호 대상자 여부		
	세대주	비세대주	거택보호 대상자	시설보호 대상자	자활보호 대상자

※ ① 행정기관 확인사항은 기재하지 마십시오
　② 희망사업은 비치된 공공근로사업안내 책자를 참조하십시오
　③ 사업에 따라 자격을 요구하는 경우에는 증빙서류를 첨부하십시오

「15세 이상 65세 이하로 정기적인 소득이 없는 실업자 또는 일용근로자 등」에 해당하면 참가자격이 주어진다.

구직등록은 노동부 지방노동관서, 시·군·구청, 인력은행, 한국산업인력공단, 한국장애인고용촉진공단, 한국해양수산연수원, 국가보훈(지)청 등에 하면 된다. 구직등록 확인과 실업급여 수급여부 확인은 민원인이 별도로 신청하지 않더라도 행정관청간의 업무협조로 처리된다.

신청은 시·군·구청 민원실(취업정보센터) 및 읍·면·동사무소에서 할 수 있다. 개인사정으로 주거지가 아닌 곳에 머물고 있는 사람은 가까운 읍·면·동사무소에서 신청할 수 있다.

예를 들면 취업을 위해 상경한 노숙 실직자인 경우에는 서울역이나 영등포역 부근 동사무소에서도 신청이 가능한 것이다.

「공공근로사업 신청서」에는 이름, 주민등록번호, 학력, 전 직장, 부양가족 수, 외국어, 자격증, 희망 근로사업(3지망까지) 등을 기재하게 된다.

신청기간은 7월 10일부터 25일까지이며 신청기간이 지나면 수시로 접수하여 불참자의 빈 자리를 차지할 수 있다.

1단계사업 참여자와 대기자는 본인의 의사에 따라 자동적으로 접수·처리된다. 숲가꾸기사업, 산업단지기동지원사업의 경우에는 1단계사업에 투입된 사람을 2단계사업에 가급적 연속해서 투입하고 새로 신청한 사람을 추가 선정해 투입한다.

신청자가 많은 경우에는 다음의 순으로 선발한다.

- 해당사업을 수행할 수 있는 능력과 경력을 구비한 자 또는 국가 및 자치단체의 시책상 우선선정이 필요하다고 인정된 자
- 30세 이상 55세 이하인 자
- 부양가족이 있는 세대주 또는 가계의 주소득원인 자(부모를 봉양하는 자 우선)
- 가계의 소득 또는 자산을 감안하여 저소득인 자

일당은 하루 8시간 근로를 기준으로 2만 2천~2만 5천원 지급을 원칙으로 한다.

- 단순 실비사무보조 : 2만 2천원
- 환경정화 등 옥외근로사업 : 2만 5천원
- 기술이 요구되고 노동강도가 높은 사업 : 3만원
- 전문기술직 종사 : 3만 5천원

이와는 별도로 교통비·간식비 등의 명목으로 하루 1천~3천원의 실비가 지급된다.

⟨표 1⟩ 중앙부처 직접 시행사업

사업유형	소관부처	사 업 명	예산액(억원)	일당(천원)	사업기간(개월)	사업목표	시행기관
계	10	17	1,331				
공공생산성사업	농림부	농어촌 용배수로 준설	299	30	3.5	4,900 km	농지개량조합
	건설교통부	방조제 조경	9	25	4.0	20 km	신공항공단
		철도선로연변보수	27	25	4.5	2,422 km	철도청
		국도배수시설보수	26	30	3.5	10,092 km	국토관리청
	산림청	숲가꾸기	351	30	4.5	2만 ha	지방산림관리청 시군구(임협) 생명의 숲가꾸기 국민운동
	중소기업청	산업단지 기동지원	96	25	4.5	175 단지	중소기업청
		중소기업 Y2K 문제해결지원	68	35	4.5	6,781 업체	중소기업청
		중소기업 기술인력 지원	20	35	2.0	700 업체	중소기업청
공공서비스지원사업	행정자치부	국가기록물 관리·보존지원	9	35	4.5	10만권	정부기록보존소
	교육부	대학 자료·유물정리 지원	41	22/25	4.5	392 개소	해당대학
	노동부	고용안정 서비스 지원	35	25	2.5	92만 개소	지방노동사무소
	보건복지부	저소득아동 생활지도 지원	15	22	4.0	298 개소	민간단체(여성단체연합)
	건설교통부	전국교통량 조사지원	31	25	4.5	199 구역	교통개발연구원
	경찰청	취약지역 방범지원 활동	237	25	4.0	8,715 명	경찰청
환경정화사업	환경부	국립공원 정화	20	25	4.0	159 개소	국립공원관리공단
		자원재생	25	25	4.5	1.3 만톤	한국자원재생공사
	건설교통부	고속도로변 환경정비	22	25	4.5	1,900 km	도로공사

〈표 2〉 자치단체 시행 주요 추천사업(예시)

분 야 별	사 업 명
공공생산성 사업	• 도로시설물 정비 및 도로포장 보수 • 농어촌마을 소형농로 정비 • 샛강살리기 • 위험제방보수 • 하수구 준설 및 하수도 정비 • 건초 및 퇴비생산 • 재활용품 선별사업 • 등산로 및 임도정비
공공서비스 지원사업	• 불법주정차 단속 • 방역활동 실시 보조 • 건축물대장·지적도면 등 행정전산화 • 전산프로그램 개발 보조 • 도서정리 • 농기계 순회 수리 • 사회복지시설 도우미 • 도로명 및 건물번호 부여 등
환경정화사업	• 상수원 저수지 주변정화 • 해안쓰레기 수거·처리 등

사업기간은 업무에 따라 다르지만 3개월을 넘길 수 없다.

참가대상자로 선정되면 다음과 같은 일을 하게 된다.

- 환경정화 : 국립공원 쓰레기 처리·상수원 보호구역 정화·도시가로정비·해안 쓰레기 수거·문화유적지주변 정화
- 푸른숲가꾸기 : 간벌 등 나무가꾸기·도시근교 산림정비
- 자원재활용 : 재활용품 선별·폐비닐 선별
- 자료정리·조사 : 농지소유 및 이용실태 조사·대학도서관 및 박물관 자료정리
- 공공시설 보수·정화 : 위험제방보수·군시설 환경정화
- 지방공단 기동봉사대
- 민간자율봉사활동 : 자율방범활동·교통계도·119구조
- 기타 시·군·구에서 선정한 사업

문의 행정자치부 실업대책상황실 ☎02-3703-5450~4

남는 일손 있습니까?
가내부업을 연결시켜 드립니다

30대 후반 이상의 사람들은 어릴 적에 집에서 온 가족이 모여앉아 봉투를 풀로 붙이거나 아니면 다른 집에서 그런 작업을 하는 장면을 본 기억이 있을 것이다.

작업의 대상과 형태만 다를 뿐 사실 이같은 가내부업은 지금까지 저소득층을 중심으로 꾸준히 이뤄져 오고 있다.

이제 IMF 시대를 맞아 가내부업이라도 해야 할 형편에 놓인 사람들의 숫자가 갈수록 늘어가고 있다.

서울시는 98년 4월 1일부터 실직자와 가내부업용 일감이 있는 중소제조업체를 체계적으로 연결해 주는 사업을 벌이고 있다.

이를 위해 각 동사무소에서는 실직자와 가정주부 등 가내부업을 희망하는 유휴인력과 가내부업이 가능한 일감이 있는 중소업체에 대한 일제조사를 3월 말까지 마친 상태다.

<표 1> 중소제조업체 현황

구 분	중 소 제 조 업 체			등록공장
	계	소기업	중기업	
계	20,205	19,431	774	7,566
종 로 구	626	603	23	141
중 구	2,977	2,955	22	718
용 산 구	534	514	20	252
성 동 구	1,644	1,568	76	754
광 진 구	777	747	30	95
동대문구	1,490	1,460	30	156
중 랑 구	876	868	8	120
성 북 구	1,039	1,022	17	176
강 북 구	491	486	5	113
도 봉 구	338	318	20	140
노 원 구	273	266	7	93
은 평 구	284	272	12	132
서대문구	361	356	6	112
마 포 구	754	708	46	314
양 천 구	560	540	20	119
강 서 구	640	602	38	308
구 로 구	1,036	979	57	713
금 천 구	1,277	1,137	140	1,085
영등포구	1,417	1,369	48	1,085
동 작 구	330	315	15	104
관 악 구	696	678	18	124
서 초 구	387	357	30	134
강 남 구	376	328	48	203
송 파 구	449	427	22	243
강 동 구	572	556	16	132

⟨표 2⟩ 실직자 가내부업 알선 업무 체계표

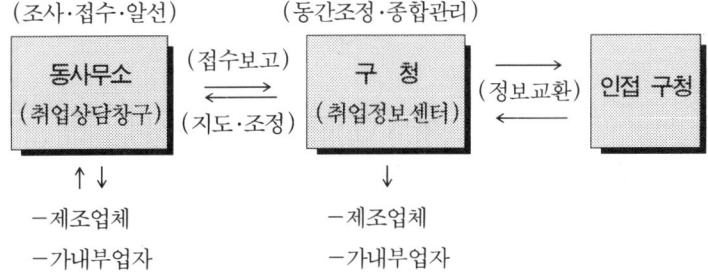

(조사·접수·알선)   (동간조정·종합관리)

| 동사무소 (취업상담창구) | (접수보고) ⟶ ⟵ (지도·조정) | 구 청 (취업정보센터) | (정보교환) ⟶ ⟵ | 인접 구청 |

↑↓   ↓
－제조업체   －제조업체
－가내부업자   －가내부업자

가내부업을 희망하는 사람은 가까운 구청의 취업정보센터나 동사무소 취업상담창구에 신청하면 일감이 있는 업체를 소개받을 수 있다.

가내부업의 매력은 특별한 기술이 없어도 꾸준한 소득을 올릴 수 있고 육아 등의 이유로 직장생활을 할 수 없는 주부들도 부담없이 참여할 수 있다는 점이다.

또 제조업체로서도 비교적 낮은 임금으로 인력난을 해결할 수 있어 상당한 도움이 된다.

의류·가방·장난감·악세사리 등을 마무리·접착·조립하는 단순업종에서부터 문서작성·번역·속기·업체경영상담·제품수리 등 다양한 업종이 연결대상이다.

거주하고 있는 동이나 구에서 연결이 되지 않으면 인접 동·구의 업체와 연결될 수도 있다.

문의 서울시 지역경제국 중소기업과 ☎ 02-3707-9351~6

종교계서 희망을 나눠 드립니다
── 취업알선, 숙소 · 급식 제공

대량실업시대를 맞아 종교계가 실직자들을 위해 각종 지원을 아끼지 않고 있다. 취업알선에서부터 무료숙소 · 급식제공 등의 활동을 통해 힘겹게 살아가고 있는 실직자들에게 큰 힘을 불어넣고 있는 것이다.

대한예수교장로회는 신자가 경영하는 기업으로부터 구인신청을 받아 인력을 알선한다는 계획 아래 전국교회를 연결하는 네트워크 구축작업을 벌이고 있다. 현재는 서울 연지동 중앙상담소 「희망의 전화(☎ 02-766-6336)」를 중심으로 전국 24곳의 교회가 연결돼 있다. 98년중 전국에 쉼터개설 교회를 50여 곳, 무료급식소를 25곳, 무료숙소를 10여 곳으로 확대할 계획이다.

한국기독교장로회에서도 많은 교회가 실직자 또는 장애인을 위한 무료급식과 취업 재활교육, 쉼터제공 등의 사업

종교계 실직자 지원내용

종 교	시 행 처	활 동 내 용	연 락 처
기독교 (기독교 장로회	군포주몽종합사회복지관	무료급식 및 취업알선	0343-98-4781
	강동새누리의 집	실직장애인무료급식	02-427-8174
	대동교회	무료급식	02-802-0466
	태백광산지역사회연구소	쉼터운영	0395-53-3533
	소망의 샘터	취업알선	0652-227-8211
	성남외국인노동자의 집	노숙자숙박 및 무료급식	0342-756-2143
	춘천교동교회	무료급식,쉼터	0361-54-5440
	전북사회복지회	취업알선	0652-226-8455
	내일을 여는 집	취업알선	02-363-4881
기독교 (예수교 장로회)	부산노회	희망의 쉼터 및 기독교인력은행	051-328-6264
	대전노회		042-623-2387
	수원노회		0331-294-4740
	인천노회		032-582-1701
	영등포노회		02-648-4750
	태백노회		0395-52-2749
	영등포산선노회		02-633-7972
	대구노회		053-557-0691
	전주노회		0652-72-2794
	안양노회		0343-57-8488
	안산노회		0345-492-8785
	동서울노회		02-458-2981
	춘천노회		0361-262-1006
	영락교회	무료급식	02-273-6301
	서울선교교회		02-458-2981
	의관교회		0371-44-1778

종 교	시 행 처	활 동 내 용	연 락 처
기독교 (예수교 장로회)	수원고등교회	무료급식	0331-42-4403
	수도교회		02-822-9608
	남석교회		02-825-0191
	진광교회		02-494-9944
	이리신광교회		0635-842-2521
	양정중앙교회		051-851-4381
	명성교회		02-3427-3031
	다일교회		02-213-8004
	새나루교회		042-625-6393
	장석교회		02-919-3927
	신암교회		02-291-0013
	평촌교회		0343-21-0205
	한빛교회		0331-294-4740
	갈릴리교회		02-866-3884
	서울선교교회	노숙자 잠자리	02-458-2981
	대구구민교회		053-256-0696
구세군	정동다일사	쉼터운영 및 구직알선 (식사·음료 제공)	02-722-9191
	서대문다일사		02-3147-2321
	남서울다일사		02-575-3559
	안산다일사		0345-83-1663
	부평다일사		032-503-8112
	대전삼성다일사		042-634-9094
	울산다일사		0522-258-5299
	청주다일사		0431-67-7789
	부산다일사		051-634-4297
불교	백양사	참선교실	0565-92-7502
	실상사	귀농교육	0671-34-3031
	오뚜기모임터	취업알선	02-3452-7485

종 교	시 행 처	활 동 내 용	연 락 처
불교	내일을 준비하는 사람들	구인정보제공	02-741-4696
	불암사	참선교실	0346-65-8345
	직지사	참선 및 취업정보	0547-436-6174
	광륵사	좌선 및 건강요법	062-222-7801
	대구불교사회복지회	쉼터·상담	053-471-1919
	연꽃마을	직업소개	02-363-7884
	조계종사회복지재단	무료급식	02-723-5101
	보현의 집	숙식제공	02-771-7735
	근로자합숙소	숙식제공	02-678-4992
	탑골공원무료급식소	저녁급식	02-733-0614
천주교	베들레헴의 집	무료급식	02-717-4945
	프란치스꼬의 집		02-966-8183
	요한의 집		02-358-5777
	하상바오로의 집		02-402-1700
	소망의 집		02-922-7948
	토마스의 집		02-672-1004
	명동대성당 평화의 집		02-774-3890
	성가복지병원쉼터	쉼터	02-916-6111
	우리집공동체		02-918-3569
	임마누엘의 집		02-909-2912
	사도의 집		02-877-8026
	사랑의 선교 수도회		02-742-1797
	강북 평화의 집		02-777-7261
	영등포 평화의 집		02-631-8657
기독교대한감리회 (감리교)	안산햇순감리교회	실직가정보호 및 상담	0345-410-9357
	아현중앙감리교회	쉼터운영 및 취업안내	02-363-1452

종 교	시 행 처	활 동 내 용	연 락 처
기독교 대한감 리회(감 리교)	선교하는 교회	쉼터운영 및 숙식제공	0345-497-6336
	제일감리교회	아침급식	051-635-6106
	팔달감리교회	매주 금·일요일 급식	0331-34-1225
	평화감리교회	무료급식	0331-204-6116
대한 성공회	푸드뱅크운동본부	무료급식	02-736-5233
	성북 나눔의 집		02-912-4481
	노원 나눔의 집		02-939-1655
	봉천동 나눔의 집		02-871-1596
	성공회 영등포교회		02-671-6290

을 벌이고 있다.

구세군은 전국적으로 9곳에서 실직자 무료쉼터 「다일사(다시 일어서는 사람들)」를 개설해 놓고 있다. 여기에선 각종 취업정보가 제공되고 상담이 이뤄지며 음료수와 라면 등 간식이 제공된다.

불교계에서는 사찰과 관련단체들이 귀농학교·쉼터·무료직업소개소 등을 운영하고 있다.

천주교계에서는 서울 용산구 신계동 「베들레헴의 집」 등 10곳에서 무료급식을 제공하고 있으며 성북구 하월곡동 「성가복지병원」 등 8곳에서 무료쉼터를 운영하고 있다. 이들 쉼터에서는 대부분 무료급식도 제공된다.

성공회는 서울 노원구에서 운영중인 실직자 쉼터인 「IMF 실직자 선교센터」를 늘려나갈 계획이다.

80

가정이 흔들리면
봉사단체 · 상담소를 노크하라

실직하게 되면 본인뿐만 아니라 가족 전체가 흔들린다. 평소에는 아무런 문제가 되지 않았던 것이 골칫덩어리로 등장하고 전혀 예상하지 못한 일들이 빈번하게 벌어지는 것이다.

자연히 가족구성원들이 심리적으로 위축되고 그러다 보면 탈선과 자포자기의 그릇된 심리상태에 빠져 결국 가정이 해체될 위기를 맞게 된다.

이럴 때 가장 중요한 것은 가족간의 신뢰와 사랑이지만 경우에 따라서는 믿을 만한 단체나 전문가와의 상담을 통해서 문제를 해결해야 할 필요도 있다.

다행히 국내에도 상당한 연륜과 경험이 쌓인 봉사단체와 상담소가 다수 있다. 특히 경제적인 어려움을 겪고 있는 실직자들은 현실적인 지원을 받을 수도 있어 위기를 탈출하는데 큰 도움이 될 것이다.

국내의 대표적인 기관은 다음과 같다.

❖ 봉사단체

- 한국사회복지협의회 : 저소득층 가정의 만 15세 미만 백혈병·소아암 환자들에게 진료비를 지원하고 있다.
  ☎ 02-713-4884~5
- 한국복지재단 : 불우이웃 결연·어린이 복지시설·어린이학대예방·근로청소년지원·중증장애아 재활·어린이 찾아주기 사업 등을 해오고 있다. 전국에 23개 지부와 복지관을 운영중이다.
  ☎ 02-777-9121, 02-845-5331
- 선명회 : 어려운 처지에 있는 가정과 어린이에게 매달 일정한 후원금을 지원하고 있다.
  ☎ 02-783-5161
- 한국이웃사랑회 : 학대받는 어린이들을 보호하는 사업을 펼치고 있다.
  ☎ 02-704-9923

❖ 가족 · 청소년 · 아동문제 상담소

- 성공회 대성당 희망터 : 실직자 및 가족 상담
  ☎ 02-737-0191
- 아버지의 전화 : 가장을 위한 상담전화
  ☎ 02-493-5946
- 여성의 전화 : 부부갈등 · 구타 등 가정문제
  ☎ 02-269-2962
- 한국가정법률상담소 : 가정법률문제 상담
  ☎ 02-780-5688
- 사랑의 전화 : 일반상담
  ☎ 02-715-8600
- 성공회 청소년 쉼터 : 청소년 고민상담
  ☎ 02-877-7942
- 나우리 정신건강센터 : 가족치료 및 상담
  ☎ 02-3444-8700
- 단기 가족치료 센터 : 가족치료 및 상담
  ☎ 02-393-7745
- 서울시 가정상담소 : 개인 · 가족 상담
  ☎ 02-242-7507~9
- 서울시립 동부아동상담소 : 어린이 학대 · 비행청소년문제
  ☎ 02-248-4567~9
- 서울시립 아동상담소 : 일반상담 및 어린이 학대
  ☎ 02-813-7741

- 한국심리상담연구소 : 개인 · 가족 상담
  ☎ 02-335-0971~2
- 청소년 대화의 광장 : 청소년 상담
  ☎ 02-730-2000
- YMCA 청소년 쉼터 : 가출청소년 보호 및 상담
  ☎ 02-3142-1318

단기 가족치료 센터 · 나우리 정신건강센터를 제외한 상담소는 모두 무료로 이용할 수 있으며 전화상담도 가능하다.

함께 어려움과 답답함을 풀어나가자

언젠가 한 청년으로부터 걸려온 전화를 받았다. 서울 변두리의 조그만 공장에서 일하며 나름대로 건강하게 살아가던 그에게 IMF(국제통화기금)사태는 직장을 빼앗아 갔다고 한다.

서울역에서 노숙까지 했다는 그는 몹시 격앙돼 있었다. 그는 "아무리 발버둥쳐도 일자리를 찾을 수가 없다. 아무것도 되는 일이 없다. 나도 인간답게 살아가고 싶다"며 정부를 원망했다.

그 심정은 충분히 이해가 갔다. 하지만 그가 제기한 「정부무용론」은 상당 부분 오해에서 비롯된 것이었다.

필자는 한시적생활보호자 지정과 공공근로사업 참가 등 올들어 정부가 내놓은 실업대책 중 몇가지를 이야기하며 얼마나 알고 있는지를 물어 보았다. 예상대로 그는 거의 모르고 있거나 그릇되게 알고 있었다.

필자는 그에게 도움이 될 만한 몇가지 실업대책의 구체적인 내용을 일러주고 전화를 끊었다. "그래도 아무런 도움이 안되면 정말로 정부를 미워하라"는 말을 덧붙이면서.

왜 많은 사람들이 "정부가 실업자와 저소득층을 위해서 별로 하는 일이 없다"고 생각하게 되었을까. 이 책을 집필하면서 오해의 원인을 나름대로 파악하게 됐다.

우선 수요자인 국민이 제도나 정책에 쉽게 접근하기가 어렵다. 자연히 활용도가 떨어지고 그러다 보니 공급자인 공무원들도 손을 놓게 되고 결국은 정상가동이 어렵게 된 것이다.

그렇기 때문에 국민들도 마음가짐을 고쳐먹지 않으면 안된다. 힘들더라도 주어진 제도와 권리를 적극적으로 활용하면 그 자체로서 담당자들을 훈련시키고 제도의 완성도를 높이는 효과가 있기 때문이다.

필자는 현재의 고통이 사회안전망을 원숙하게 하는 밑거름이 될 것이라고 믿는다.

작업을 진행하는 동안 내내 능력부족을 절감하고 한탄해야 했다. 몇번이고 포기할까도 생각했지만 고마운 분들의 격려와 성화 덕분에 겨우 졸고를 완성할 수 있게 됐다.

내용이 자주 보완되고 있는 단기 대책들은 쇄가 거듭되

는 대로 이를 반영할 것이다.

현장에서 부딪히면서 미처 예상하지 않았던 어려움이나 답답함, 혹은 분노를 느낀 분들은 즉시 필자에게 연락을 주시면 좋겠다. 최선을 다해 함께 문제를 해결할 것을 약속드린다.

「추천의 글」을 써주신 김모임 보건복지부 장관님, 김상남 노동부 기획관리실장님, 그리고 「프롤로그」를 대신 써주신 김홍신 의원님께 머리숙여 감사드린다.

끝으로 힘겹게 살아가는 모든 분들에게 이 책이 작은 도움이라도 되기를 간절히 바란다.

1998년 7월
지은이 **이하경**

퇴직시대, 120% 권리찾기

펴낸날 ■ 1998년 8월 15일   1판 1쇄

1998년 8월 17일   1판 2쇄

지은이 ■ 이하경

펴낸이 ■ 김혜숙

펴낸곳 ■ 도서출판 참솔

등록번호 ■ 제 8-244호

등록일 ■ 1998년 5월 13일

주소 ■ ⑦ 120-013 서울시 서대문구 충정로 3가 32-11

전화 ■ 363-4261

팩시밀리 ■ 393-5685

ISBN ■ 89-88430-00-X

값 ■ 10,000원